Le voyage initiatique

Les trente-trois degrés de la Sagesse

DU MÊME AUTEUR
AUX ÉDITIONS J'AI LU

La franc-maçonnerie
Le message des constructeurs de cathédrales

CHRISTIAN

JACQ

Le voyage initiatique

Les trente-trois degrés de la Sagesse

J'AI LU

À mon Maître François Brunier

« Dieu n'est pas mêlé, il est Un.
Nous autres, nous sommes changeants,
en devenir, nous sommes un ensemble
de possibles, il n'y a pas pour nous
de perfection, pas d'être absolu. Mais là
où nous passons de la puissance à l'acte,
de la possibilité à la réalisation,
nous avons part à l'être véritable,
nous nous rapprochons d'un pas du divin
et de la perfection. Se réaliser, c'est cela. »

Hermann Hesse

Préface

Le sculpteur Auguste Rodin a écrit un texte superbe :

« Ô raisonneurs ! Un simple compagnon de jadis trouvait tout de suite, en lui-même et dans la nature, cette vérité que vous cherchez dans les bibliothèques. Et cette vérité, c'était Reims, c'était Soissons, c'était Chartres, c'étaient les rocs sublimes de toutes nos grandes villes... Je rêve souvent que je les vois, que je les suis de ville en ville, ces pèlerins de l'œuvre, en mal ardent de création. Je m'arrête avec eux chez la Mère, qui réunit les Compagnons du Tour de France... J'aimerais m'asseoir à la table de ces tailleurs de pierre. »

Rodin a raison : à côté de l'érudition et de l'indispensable connaissance des textes du Moyen Âge, il est passionnant de scruter l'univers des bâtisseurs qui créaient des « pierres parlantes », des pierres qui nous parlent encore si nous savons les regarder avec amour et vénération.

Il est presque interdit, aujourd'hui, de parler de message ; pourtant, nos ancêtres avaient bel et bien l'intention, par l'intermédiaire des édifices et des figures de pierre, de nous transmettre un message relatif au divin, au sacré, à la finalité de l'homme, à une spiritualité joyeuse et profonde.

Il me semble qu'ils concevaient cette spiritualité comme un chemin, comprenant des étapes, et qu'ils laissaient chacun libre de le parcourir à sa guise et selon son rythme. C'est pourquoi, à côté des représentations religieuses qui enseignaient la foi chrétienne, il y avait des programmes sculptés, comme celui de la cathédrale de Metz qui fait l'objet de ce livre, programmes qui offraient une vision du monde propre aux bâtisseurs.

Ce texte, est paru en 1981 et il a permis d'entrevoir que les figures sculptées racontaient une histoire bien vivante ; comme l'écrivait Maître Eckhart, « l'œuvre et le temps ont beau être passés, l'esprit dans lequel les œuvres ont été opérées continue à vivre ».

Depuis cette date, de nombreux ouvrages ont été publiés sur le Moyen Âge, qui n'apparaît plus, aujourd'hui, comme une période obscure ou un âge intermédiaire. Chacun a pris conscience que l'épopée des cathédrales fut un moment d'une grande intensité spirituelle et que sa lumière, dont parlait si bien Suger, nous touche au cœur.

En tant qu'égyptologue, je me suis intéressé aux liens unissant la symbolique égyptienne, à travers ses diverses mutations, à l'iconographie médiévale[1] ; il s'agit là d'un vaste champ de recherches, dont on trouvera quelques exemples dans le présent ouvrage, où il sera beaucoup

1. Voir *Le Message initiatique des cathédrales*, sous la direction de Christian Jacq, MdV Éditeur, 1995, p. 63 sq. et p. 184 sq.

question de la symbolique animale. Les imagiers du Moyen Âge furent réceptifs aux anciennes traditions, dans la mesure où elles étaient porteuses de sens et conféraient à leur art une puissance de rayonnement toujours intacte.

Lorsqu'on lit l'œuvre de Guillaume Durand, évêque de Mende au XIIIe siècle, on s'aperçoit que, pour le bâtisseur du Moyen Âge[1], la moindre parcelle de l'édifice sacré possède une signification symbolique. « Toutes les choses qui appartiennent aux offices, aux usages ou aux ornements de l'Église, *écrit Durand,* sont pleines de figures divines et de mystère, et chacune, en particulier, déborde d'une douceur céleste, lorsque, toutefois, elles rencontrent un homme qui les examine avec attention et amour, et qui sait tirer le miel de la pierre et l'huile du plus dur rocher. »

Le Christ souhaitait que les êtres humains aient des yeux pour voir et des oreilles pour entendre ; face aux chapiteaux, ces paroles de pierre, il est nécessaire, en effet, d'utiliser la vue et l'ouïe, en s'interrogeant sur leur signification, et en sachant qu'aucune vérité définitive et absolue ne saurait être atteinte, sous peine de rendre « le cœur étroit », selon l'expression égyptienne.

Avant d'accéder au chemin qui va d'un arbre sec à un arbre fleuri, il faut franchir sept obstacles que le sculpteur a illustrés avec une force particulière : l'infidélité, la volonté de détruire, l'avarice, l'idolâtrie, l'égocentrisme, la lâcheté et la vanité. Vaste programme ! Et qui pourrait

1. Cf. Guillaume Durand de Mende, *Manuel pour comprendre la signification symbolique des cathédrales et des églises*, MdV Éditeur, 1996

affirmer, un jour, qu'il a vraiment vaincu ces sept travers ? En fait, notre unique capacité consiste sans doute à en prendre conscience, à les nommer et à lutter contre eux, en nous tournant vers cet arbre fleuri qui, au loin, déploie ses splendeurs dans la Jérusalem céleste.

Ce petit ouvrage est un simple témoignage, une tentative pour transcrire par l'écriture – donc de manière partielle et imparfaite – une rencontre avec la spiritualité du Moyen Âge. Mais pourquoi, demandera-t-on, cette pensée ressent-elle la nécessité de s'exprimer par symboles ? À cette question, Marie-Madeleine Davy a apporté une réponse remarquable : « La différence entre les hommes se réduit à celle-ci : la présence ou l'absence de l'expérience spirituelle. Si lumineuse qu'elle soit, cette expérience n'est pas acquise une fois pour toutes, elle est vouée à des approfondissements successifs, c'est pourquoi l'homme en qui elle s'accomplit est attentif aux signes de présence, aux symboles qui telles des lettres lui apprennent un langage, le langage de l'amour et de la connaissance. L'homme spirituel est instruit par les symboles et, quand il veut rendre compte de son expérience ineffable, c'est encore aux symboles qu'il a nécessairement recours[1]. »

Avant la naissance « officielle » de la Franc-Maçonnerie, en 1717, il existait des confréries de Maçons de la Pierre Franche, car c'était à elle que s'appliquait ce qualificatif, et non aux individus. Cet ouvrage est l'écho de cette tradition qui, espérons-le, ne s'éteindra pas.

---

1. *Initiation à la symbolique romane*, p. 10

Présentation

Ce livre est un témoignage sur une initiation vécue aujourd'hui en Occident et sur le chemin qui conduit à une sagesse, à une plénitude, à une harmonie que nous recherchons tous en nous et autour de nous.

J'ai eu la chance, par une belle et froide journée d'hiver, de rencontrer un Maître d'Œuvre du XXe siècle, l'un de ces hommes qui continuent à transmettre un rituel et des valeurs initiatiques.

Quand cet homme de taille moyenne, de bonne carrure, à la chevelure argentée, s'est approché de moi, j'ai compris que ma vie allait se transformer. Depuis plus d'une heure, je contemplais une série de sculptures gravées sur l'un des portails de la cathédrale de Metz, persuadé que la longue recherche qui m'avait conduit là n'était pas inutile. Ces images figurées dans la pierre étaient un extraordinaire récit, offert aux yeux de tous. Mais personne n'avait eu l'idée de le lire et j'étais moi-même perplexe[1].

1. Il est sans intérêt d'entrer ici dans les querelles de datation des sculptures. L'important est de savoir que le sculpteur initié qui les a exécutées transmettait les clefs majeures de son initiation, quelles que soient l'époque exacte du premier achèvement de l'Œuvre et celle de sa restauration.

D'abord, l'homme n'a rien dit. Il s'est installé à quelques mètres de moi. Il a soufflé dans ses doigts, comme pour chasser le froid. Puis il a sorti un appareil photographique d'un grand sac. Lui aussi était venu pour regarder ces sculptures mystérieuses.

Je n'osais pas lui adresser la parole. Quelques personnes, intriguées par deux touristes examinant de si près un portail devant lequel elles étaient passées sans le voir des centaines de fois, ne s'attardaient pas, à cause du temps.

Quand il eut terminé ses photos, il rangea soigneusement son appareil, avec la lenteur de quelqu'un qui a l'éternité pour lui. Il s'est tourné vers moi, souriant.

— Vous n'avez pas l'air d'avoir chaud. Si on allait prendre quelque chose ?

Après avoir bu une boisson revigorante, nous sommes revenus devant le portail.

Et nous avons parlé pendant des heures. Prenant comme support les sculptures gravées par ses Frères d'autrefois, il accepta de répondre à mes questions sur les confréries initiatiques qui, comme en Égypte, comme au temps des cathédrales, comme après-demain, continueront à construire le temple. Car l'initiation est aussi indispensable à l'homme que l'air et la nourriture.

Quand les derniers rayons du soleil marquèrent la fin du jour, je n'avais plus froid, bien que la température eût encore chuté de plusieurs degrés. Ce qu'il m'avait révélé avait ensoleillé pour toujours ma vie et ma pensée.

Je crois que ses paroles n'étaient pas destinées à moi seul, que j'ai simplement été l'instrument du hasard. Je suis certain que l'initiation, transmise aujourd'hui en Occident par des hommes comme lui, peut permettre à beaucoup d'entre nous de se réaliser.

C'est pourquoi j'ai cru bon de ne pas garder pour moi ce dialogue avec l'homme dont le nom d'initiation était Pierre Delœuvre. Était, car il a maintenant regagné ce que les Maîtres d'Œuvre appellent l'Orient éternel.

La révélation des trente-trois degrés de la Sagesse et du chemin de l'initiation me paraît chose trop vitale pour demeurer sous le boisseau. Si Pierre Delœuvre a parlé, c'est pour que la voix d'une confrérie initiatique soit entendue.

C'était la Saint-Jean d'Hiver[1], devant la porte du temple...

— C'est la première fois que je découvre une pareille série de sculptures.

— Vous avez beaucoup voyagé ?

— Oui. En Égypte et en Europe. Voilà des années que les sculptures des cathédrales m'intriguent. J'ai lu des centaines d'ouvrages...

— Et aucun d'entre eux ne vous a donné la signification de ces images de pierre. Ce sont des pierres parlantes. Elles ne parlent que d'une seule chose : l'initiation. Si l'on ne sait pas cela, on ne peut pas comprendre.

— C'est une communauté de sculpteurs qui a gravé cette série d'images ?

— Les communautés initiatiques de bâtisseurs sont le trait d'union entre toutes les époques

1. À la Saint-Jean d'Été, bien connue, correspondait, chez les bâtisseurs, une fête de l'hiver.

où l'initiation fut transmise sur notre sol. Tout part de l'Égypte pharaonique où les confréries formaient de véritables États dans l'État. Mes Frères du Moyen Âge n'ont rien perdu de leurs secrets. Et ils ont parlé dans leur langage naturel, celui de la pierre.

— Mais… pourquoi ici ? Pourquoi avoir choisi ce lieu pour rassembler des éléments qui sont épars dans d'autres cathédrales ?

— Metz, pour les communautés de bâtisseurs, n'est pas une ville ordinaire. Il y a de hauts lieux où ils se sont exprimés, Paris, Strasbourg, Lyon… je ne vais pas vous donner une liste interminable. Ici, sur ce parvis, il y avait un dragon, la Graoully. Te sens-tu capable d'affronter le dragon ?

C'est la première fois que Pierre Delœuvre me tutoya. Pour ma part, je n'ai jamais cessé de le vouvoyer à cause de l'immense respect que j'éprouvais pour lui.

— Tous les héros et les saints ont tué le dragon un jour ou l'autre, dis-je. Quant à moi…

— Non, tu te trompes. Ils ne le tuent pas. Ils l'ont vaincu, soumis, et ils ont compris que le dragon n'était pas seulement un dragon, mais aussi un gardien des trésors cachés. Un gardien du seuil de ce temple où tu désires entrer.

— Puis-je vous demander…

— Nous sommes ici pour parler. Si tes questions viennent du fond de ton cœur, elles trouveront certainement une réponse.

— Vous célébrez la même initiation que vos Frères du Moyen Âge.

— C'est vrai. Nous avons conservé leurs rites et leurs symboles. Pour les percevoir, nous pensons qu'il est nécessaire de passer par une initiation. Mais les symboles et les rites demeurent lettre morte si on ne les vit pas de l'intérieur. C'est pourquoi je suis ici. Parce que les sculptures que nous avons devant les yeux sont une des révélations les plus exceptionnelles que je connaisse. Peut-être n'a-t-on jamais parlé avec autant de précision des trente-trois degrés de la Sagesse. Si le Maître d'Œuvre qui a conçu ce message l'a placé devant le regard de tous ceux qui sauront voir, ce n'est pas par hasard.

— Il faut encore interpréter tout cela.

— Le Maître d'Œuvre et ses sculpteurs ont écrit un livre dans la pierre, un livre qui se lit page après page, avec une origine et une fin. Si tu sautes l'une de ces pages, le reste deviendra incompréhensible. Mais la clarté réside dans ton regard, pas dans l'œuvre. Nous avons constaté qu'un vieux proverbe transmettait l'une des plus profondes vérités initiatiques : « de la discussion jaillit la lumière ». Devant toi, il y a les étapes d'un rituel initiatique, la manière d'accéder à la Sagesse par trente-trois degrés. Alors, parlons. Tous les deux, nous progresserons peut-être sur le chemin. Toi, avec ton désir de comprendre, et moi avec l'expérience que j'ai pu acquérir grâce à ceux qui m'ont guidé et que j'ai maintenant le devoir de transmettre. Puisque l'important est de voir, si tu me décrivais ce que tu vois ?

La voix n'était pas autoritaire ni cassante, mais la question était empreinte d'une autorité naturelle. Une question qui était un appel et une épreuve.

— Je vois un arbre sec ; puis viennent un aigle, un taureau, quatre personnages tenant des masques, un dragon, un dauphin, une colombe, un éléphant, un serpent, un personnage au glaive, la lune, le soleil, un personnage détenteur de deux coupes, un homme aux yeux bandés, un pélican, un phénix, un aigle, un lion, quatre personnages portant des amphores, un lion ailé, un ange et, enfin, un arbre fleuri.

— Chacune de ces trente-trois étapes incarne une ou plusieurs qualités à réaliser pour aller vers la Connaissance. Qui regarde et lit ces figures de pierre contemple son propre voyage vers une terre céleste. Ainsi nous sont indiquées les étapes successives de la formation spirituelle d'un Maître d'Œuvre, de son entrée dans la cathédrale de lumière et, plus encore, de son accomplissement initiatique. Par la vertu de ces images, nous obtenons la clef d'or qui ouvre les portes les plus secrètes du temple. Mais... es-tu certain d'avoir tout vu ? N'as-tu pas oublié quelque chose ?

Je regardai avec davantage d'attention.

— Le pilier central... Il y a plusieurs scènes bizarres sur ce pilier.

— Sept exactement. Elles symbolisent les obstacles à l'initiation. Des obstacles à surmonter avant de faire le premier pas sur le chemin. Nous possédons ainsi tous les éléments nécessaires pour nous orienter progressivement vers la Sagesse. Des éléments à la fois simples et mystérieux. Si tu veux les interpréter, et surtout les vivre, il faut passer par des transformations et des épreuves.

— Des épreuves ?

— Tu as peur ?

— Non, mais je ne crois pas que toutes les épreuves subies par l'homme conduisent à l'initiation. Il y en a qui le détruisent.

— Ce qui compte, c'est l'épreuve qui s'ouvre sur une transformation.

— Autrement dit, s'améliorer soi-même...

— Ce ne serait pas suffisant. C'est le changement d'état qui compte. Celui qui regarde ces sculptures et qui frappe à la porte du temple n'est pas n'importe qui. C'est un postulant, un homme qui demande à vivre en esprit et en vérité. À celui qui fait cette demande, les initiés répondent : Deviens arbre sec, taureau, lion, passe d'état en état pour devenir arbre fleuri.

— Faites-vous allusion à une métempsycose[1] ?

— Pas du tout.

— Vous niez son existence ?

— Je n'ai ni à nier, ni à affirmer. Mon devoir est de témoigner de ce que vivent les confréries de bâtisseurs en fonction des secrets que tu as devant les yeux.

— S'il ne s'agit pas de métempsycose, ce qui est demandé au postulant est une transformation symbolique, comme le comprenaient les Égyptiens.

— Explique-toi mieux.

— Devenir taureau, cela ne signifie pas que l'âme humaine passe dans le corps de l'animal.

---

1. Réincarnation de l'âme après la mort dans un corps humain, dans celui d'un animal ou dans un végétal *(N.d.E.)*

Mais c'est la possibilité pour l'homme d'acquérir la qualité symbolisée par le taureau. Se transformer en taureau, c'est acquérir la puissance vitale capable de surmonter toutes les inerties du quotidien. C'est pourquoi le roi d'Égypte avait la force du taureau.

— Changer d'état, poursuivit Pierre Delœuvre, c'est passer de vérité en vérité sans se fixer à l'une d'entre elles, sans se scléroser dans un dogmatisme et sans pour autant être sceptique. Tu as raison : tu dois découvrir le message de chaque figure de pierre, son « Nombre », comme on dit en Géométrie sacrée.

— Dans les contes, on parle souvent d'hommes-animaux, les hommes-loups et les hommes-ours, par exemple. Dans les tribus ou les anciens clans, même en Europe, on s'identifiait ainsi à un animal sacré. En Égypte, chaque province en possédait un ; vénéré dans telle ville, il pouvait être mangé dans telle autre. Si je ne me trompe pas, ce sont autant de visages de l'initiation, autant de « génies » divers ?

— Chaque communauté d'initiés a son génie propre, sa parcelle de vérité. Le génie de ce portail que nous contemplons pourrait se nommer : « Un chemin vers la Sagesse. » Un chemin où il faut se perdre pour mieux se retrouver, après avoir changé d'état. Tu connais l'histoire du héros Tuan ?

— Non.

— Tuan a parcouru le chemin des transformations. Après avoir dormi pendant neuf jours, il s'est transformé en saumon. Un pêcheur l'a pris et l'a porté au roi de son pays. Le souverain l'a fait griller et sa femme l'a mangé. Mais il est sorti des entrailles de la reine, différent de ce qu'il était auparavant. Il était devenu capable de prononcer des paroles de Sagesse et il reçut un nouveau nom.

— En Égypte, il y a des récits semblables. Des transformations dont seuls les connaissants sont capables.

— Il ne faudrait pas oublier les obstacles, me dit Pierre Delœuvre en souriant. Notre esprit voudrait déjà être loin sur le chemin, mais les obstacles, eux, sont toujours là.

— Je ne comprends pas vraiment la présence de ce pilier, de ce gardien du seuil. Il me semble que le désir de s'initier devrait suffire pour pénétrer sur le chemin.

— Certes, désirer l'initiation est le premier pas. Ce désir rend chacun d'entre nous capable de découvrir la voie juste, mais il ne supprime pas pour autant les obstacles qui nous attendent.

— Pourquoi sept scènes sur le pilier ?

— Sept est le nombre de la vie dans son aspect le plus mystérieux, le plus secret.

— Mais alors... ce mystère, cette perfection, ce sont les obstacles ?

— Bien sûr. Des obstacles pour qui les considère comme tels. Si tu décrètes que la vie est mystérieuse et que son mystère est insondable, il le restera effectivement pour toi. Si tu estimes que cette porte est à jamais fermée, elle le restera.

— Donc, les obstacles à l'initiation n'existent pas. Ce ne sont que des illusions.

— Non, ce ne sont pas des illusions. Celui qui n'a pas nommé les choses ne les connaît pas.

Pour lui, la vie n'est qu'obstacle. C'est pourquoi nos Maîtres ont jugé bon de nous confronter, grâce aux scènes de ce pilier, à une synthèse des vices.

— Des vices ? La morale a tellement d'importance ?

— Je ne parle pas de morale mais des vices de la construction de l'être. Quand l'homme s'édifie, il ne doit pas commettre d'erreur dans le plan ni dans le choix des matériaux. S'il se trompe à ce stade-là, il construira une monstruosité qui s'écroulera d'elle-même ou le privera de liberté. Ces vices, ces défauts, ces déviations, appelle-les comme tu voudras, ne sont pas de petites choses.

— Cela me rappelle une parole du Christ : « Si vous n'avez pas observé ce qui est petit, qui vous donnera ce qui est grand ? Car je vous dis que celui qui est fidèle dans les moindres choses est aussi fidèle dans les grandes. »

— Tu vois, me dit Pierre Delœuvre en s'amusant, il était déjà d'accord avec moi.

— Prenons ces « vices » de l'Œuvre à bras-le-corps, lui dis-je. Une fois que nous en serons délivrés, nous pourrons aborder les degrés de la Sagesse.

— Ne sois pas naïf. C'est un combat difficile qu'il nous faudra livrer, un combat qui ne sera jamais terminé.

Face au pilier, au gardien du seuil incarné dans la pierre, je me concentrai au maximum. Au cours de mes recherches précédentes, j'avais longuement étudié la plupart des motifs symboliques qu'il me fallait à présent regarder en face.

Dévoré d'inquiétude, je tentai de ne pas le montrer. Mais j'étais sans illusions. Ce qui me réconfortait, paradoxalement, c'était de savoir en toute certitude que je me trouvais bien à un « tournant » de mon existence.

Ce n'était pas seulement la partie intellectuelle de moi-même qui était confrontée à ces pierres parlantes, mais mon être entier.

Pierre Delœuvre m'avait d'ailleurs bien prévenu : épreuves et transformations. Je commençais à comprendre ce qu'il voulait dire.

Du 1er au 7e degré

Les obstacles à l'initiation

— Regarde. Que vois-tu ?

— Je vois une dame assise sur un trône. Un serviteur s'approche d'elle. Il lui présente une coupe, mais elle le reçoit fort mal. Elle n'hésite pas à le repousser d'un coup de pied en pleine poitrine.

— Qu'en penses-tu ?

— Ingratitude, dureté d'âme, violence gratuite… C'est cela qu'il faut éviter ?

— Tu es satisfait de ton interprétation ?

— Je ne dis pas que ces tares-là soient négligeables, mais il y a sûrement autre chose. Je pense… je pense à toutes ces scènes où l'on voit un affrontement entre de nobles personnages et des serviteurs félons.

— Ces serviteurs sont ainsi repoussés, d'ordinaire ?

— Repoussés… lorsqu'ils sont traîtres à leur parole et à leur fonction. Cet homme serait-il le serviteur félon ?

— C'est lui, en effet. C'est l'infidèle. Infidèle à sa propre parole. Il ne reconnaît pas la qualité de la Dame assise sur le trône, l'âme vivante de toutes choses. En se trahissant lui-même, il s'égare. Contemple la coupe qu'il renverse. Ce n'est pas un objet ordinaire. Il s'agit du récipient où se trouvait le breuvage d'immortalité, celui qui nous soumet à l'épreuve de la vérité. Cet homme-là ne veut pas s'engager sur le chemin de la découverte de lui-même. Il ne boit pas le breuvage qui le ferait mourir à la mort et naître à la vie. Mieux vaut renverser la coupe, pense-t-il, plutôt que de me connaître tel que je suis. Il se rebelle contre la dimension initiatique de la vie. Mais la Dame repousse facilement l'assaut de l'infidèle. Elle, sans armes, a la force suffisante pour écarter tant de violence, tant de réactions incontrôlées.

— L'initiation est-elle si fragile ?

— L'âme de l'initiation, si fragile en apparence, si infime par rapport à la masse des passions destructrices de l'homme, contient en réalité une puissance qui la rend indestructible. Personne ne pourra jamais tuer l'initiation.

— L'agresseur ne tient-il pas aussi un parchemin ?

— Il croit avoir dérobé le livre du monde, celui qui contient les secrets de la vie. Il croit qu'il pourra l'utiliser à son profit sans avoir prêté, sur la coupe, le serment qui l'aurait engagé sur le chemin des transformations. Mais il se trompe. Ce qu'il a entre les mains, c'est un livre muet, dont il ne comprendra jamais les lettres. Il n'a pas accepté de se soumettre aux épreuves que la Dame lui demandait d'affronter en humilité, il sera condamné à l'ignorance stérile.

— Dans L'Apocalypse, on recommande au juste de ne pas craindre les épreuves qui l'attendent. S'il reste fidèle jusqu'à la mort, il recevra la couronne de vie.

— Oui, demeurer fidèle à la vie en esprit : c'est un engagement difficile, qui nécessite une vigilance constante. Le serviteur indigne tente d'usurper la couronne de la Mère des Bâtisseurs qui n'appartient à personne. Elle est le symbole de l'unité communautaire où chacun occupe sa juste place en exerçant sa fonction.

Le premier obstacle, l'infidélité ! C'était inattendu, dans notre monde où la fidélité est presque considérée comme un sentiment désuet, voire inutile. Peut-être parce que notre monde n'a plus une claire conscience de l'importance de l'initiation.

— Le deuxième obstacle, dit Pierre Delœuvre.

— Pour moi, dis-je en observant la scène gravée dans la pierre, c'est un suicide. Cet homme qui se transperce le corps avec son épée met évidemment fin à ses jours.

— Si cette scène a été choisie, c'est pour nous faire percevoir les raisons d'un tel acte. Et surtout pour le replacer dans le cheminement initiatique. Ce « suicide » est l'expression d'une volonté négative. La volonté de détruire la parcelle divine qui se trouve en chaque être. Pour une confrérie initiatique, vois-tu, l'homme qui se tue est celui qui a trop longtemps négligé sa lumière intérieure.

— Est-il vraiment responsable ?

— S'il s'est contenté de subir la vie, au gré de ses passions et de ses réactions. Un jour vient où les fantômes sont trop oppressants. Il n'est plus capable de transformation, car il a négligé les symboles. Il finit par se fuir lui-même. Il ne ressent plus la moindre communion avec l'univers et avec autrui. Afin d'éviter l'insupportable tension née de son vide intérieur, il décide d'éliminer l'« instrument » le plus précieux qui soit, sa propre conscience. Il devient le mauvais ouvrier qui brise son outil de travail. Il fait de l'épée un faisceau de mort. Il croit qu'il est possible de détruire ainsi la parcelle divine qui lui posait trop de questions insolubles.

— Ce personnage a été décrit par le poète Prudence, quand il parle du combat entre la Patience et la Colère. L'écume à la bouche, cette Colère a beau frapper sur la Patience, elle ne parvient pas à entamer sa cuirasse. De plus en plus furieuse, la Colère finit par se frapper elle-même de son épée. Si je me souviens bien, la Patience victorieuse dit : « La fureur folle est sa propre ennemie, elle se tue par sa frénésie et meurt par ses propres armes. »

— La Patience dont tu parles n'est pas une qualité banale. La vraie Patience est ce qui permet à l'initié de subir le poids du monde sans s'écrouler, comme ce pilier supporte le poids du message sans complaisance qu'il nous offre. « Contre le Sage, le tigre ne peut pas user ses ongles, le soldat ne peut briser la pointe de son épée. Pourquoi ? En suivant la Voie, le Sage qui est sur la terre ne peut pas mourir. » Ces paroles d'un de mes Frères chinois nous indique le moyen d'échapper à ce suicide, ne crois-tu pas ?

— Cette scène-là, lui dis-je en observant la représentation du troisième obstacle, n'est pas difficile à interpréter. Comme détestable personnage d'avare, on ne fait guère mieux ! Il remplit son coffre de pièces d'or le plus goulûment possible. Quand il aura refermé le couvercle, personne ne pourra s'approcher du trésor. De plus, il tente même de glisser des pièces dans son vêtement, comme s'il voulait ne pas perdre la moindre miette du pactole. Nous sommes loin de la charité.

— De quelle charité parles-tu ? S'il ne s'agit que de faire le bien grâce aux richesses matérielles que l'on possède, ce n'est pas le remède de l'avarice qui s'oppose à notre progression.

— La charité ne serait-elle pas le don de soi, l'engagement de tout son être vers la connaissance ?

— Quelque chose de ce genre-là, je crois. Mais nous aurons à dialoguer avec la Charité beaucoup plus loin sur notre chemin. Il nous faut d'abord remporter notre combat contre l'avare.

— Et si les trésors qu'il entasse n'étaient pas de vrais trésors ? S'il n'accumulait que du néant dans son coffre si bien fermé ?

— C'est souvent le cas ! Cet avare-là est l'esclave des fausses valeurs qui encombrent sa pensée. Il ne s'intéresse qu'à l'acquisition de biens viciés, il accumule ce qui le fait mourir. C'est lui-même qui pose un verrou sur sa conscience et la ferme à double tour. Bientôt, il perdra la clef et périra d'asphyxie. Il aurait mieux fait de visiter le marché d'Athènes avec le vieux sage et de dire avec lui : « Que de choses dont je n'ai pas besoin ! » Mais cet avare-là n'est pas le pire.

— Il est donc pire encore d'entasser de vraies richesses ?

— De les garder pour soi. Souviens-toi des Pharisiens et de tous ceux qu'ils symbolisent, de tous ces hommes qui détiennent une parcelle de vérité et refusent de la transmettre afin de mieux en jouir dans leur solitude. Les richesses accumulées deviennent un dragon monstrueux qui se jette sur l'avare et le dévore.

— Les Anciens ont toujours condamné ces mauvais riches. C'est à cet avare-là, n'est-ce pas, que s'adressent les terribles paroles de L'Apocalypse : « Je connais ta conduite, tu n'es ni froid ni chaud – que n'es-tu l'un ou l'autre ! – ainsi, puisque te voilà tiède, ni chaud ni froid, je vais te vomir de ma bouche. Tu t'imagines : me voilà riche, je me suis enrichi et je ne manque de rien ; mais tu ne le vois donc pas ! C'est toi qui es malheureux, pitoyable, pauvre, aveugle et nu ! Aussi, suis mon conseil : achète chez moi de l'or purifié au feu, pour t'enrichir en vérité. »

— Il s'agit bien, observa Pierre Delœuvre, de transformer des métaux impurs en substance créatrice, en un soleil intérieur. L'or des initiés n'est pas le métal des marchands. C'est le corps de la lumière, la splendeur de la vie, le signe de l'impérissable.

— Les Égyptiens disaient que l'or est la chair des dieux. C'est lui qui illuminait le sanctuaire secret des temples, le Saint des saints. Luire et mettre au monde sont un seul et même mot dans la langue hiéroglyphique.

— C'est la Lumière qui donne vie à la pierre, dit le Maître d'Œuvre, la Lumière qui est dans la main du sculpteur. Aussi apprend-on à recréer une main d'or, qui transforme en lumière la matière qu'elle travaille.

— Autrement dit, le contraire de l'avarice !

— Il faut entrer dans la demeure de l'or, mais sans possessions. Là où brille l'or des statues, c'est le lieu où l'homme se dépouille de ses fausses valeurs pour trouver la vraie richesse.

— Chaque temple égyptien, ajoutai-je, possédait une Demeure de l'Or, où l'on mettait au monde les statues. Tant qu'elles n'avaient pas reçu la lumièrc, cllcs n'étaicnt qu'unc matièrc incrtc.

— Tu as la chance de pouvoir dialoguer avec l'ancienne Égypte et de parler sa langue. Ces bâtisseurs dont tu évoques la pensée ont prononcé des paroles de vérité. Sache qu'ils sont nos pères.

— Il y avait un grand dignitaire, du nom de Rekhmirê, ce qui signifie « Celui qui connaît comme la Lumière ». Il possédait une tombe magnifique, à Thèbes. Sur l'un des murs, il y a la représentation d'un homme au visage d'une incroyable sérénité. On dirait qu'il a des épaules plaquées d'or.

— Lorsque l'avarice est vaincue, l'homme peut devenir lui-même symbole. Quand le Maître accueille le postulant dans le temple, à la fin des épreuves, il lui exprime toute sa joie et le saisit dans un embrassement d'or.

— Maintenant, je comprends mieux les paroles prononcées par la déesse Isis, paroles gravées dans la tombe du grand-prêtre Pétosiris : « Tu renouvelles la vie au moyen de l'or qui sort de tes membres. »

— L'or est demeuré le symbole des trésors spirituels, car les anciens Maîtres étaient comparés à des montagnes d'or qui éclairaient toute la terre.

— Cet or, que l'avare ne pourra jamais enfermer dans son coffre, n'est-ce pas notre feu intérieur ?

— Le paradis est encore ici-bas. Mais l'homme en est loin, tant qu'il ne se régénère pas en frottant sa chair à l'Or des sages. La Genèse nous apprend que l'Homme, pas l'individu, fut créé à l'image et à la ressemblance de Dieu et formé avec de la poussière. Il y retournera, certes. Mais, après son initiation, ce sera une poussière d'or. L'homme profane, celui qui n'est pas encore réellement né, va de la poussière matérielle vers l'or vulgaire. De lourdes paupières ferment son regard.

— Les Maîtres d'Œuvre n'étaient-ils pas aussi un peu alchimistes ?

— Naturellement. L'alchimie individuelle repose sur des secrets techniques que le Maître ne communique qu'à son disciple. Mais il existe aussi une alchimie communautaire, et les symboles de cette science sacrée sont présents tout au long du chemin de la Sagesse. Même lorsque ces trésors tombent entre les mains de l'avare, il ne sait qu'en faire. Mais il y a pire obstacle.

— Je vois à présent un personnage qui s'agenouille, les mains jointes, devant une idole monstrueuse dressée sur un socle. J'ai déjà observé ce personnage à Paris, Amiens et Chartres. Les historiens de l'art en font l'image de l'idolâtrie. Mais pour un amoureux des civilisations anciennes, ce terme ne signifie pas grand-chose.

— Pour toutes les Églises, l'idolâtre est celui qui adore des « Églises » hérétiques. Une bonne victime à condamner ! Malheureusement, cette attitude dogmatique implique une doctrine qui prétend détenir la vérité totale et définitive. Les bâtisseurs de temples, sache-le, n'ont jamais été ni des doctrinaires ni des fanatiques. Pour eux, la religion chrétienne est une nourriture comme une autre. D'autant plus que le christianisme de Rome n'est pas le seul.

— Comment envisagez-vous l'idolâtrie, dans ces conditions ? Comme une croyance aveugle ?

— Je pense que l'idolâtrie contre laquelle on nous met en garde est un mécanisme mental qui déforme notre intelligence et la rend incapable de percevoir la valeur des symboles. C'est confondre l'idée incarnée dans l'œuvre et la forme de l'œuvre. L'idolâtre s'en tient à un catalogue d'idées fixes et n'en bouge plus, de peur de voir ses croyances évoluer.

— Tout acquis non revivifié aboutit à une sclérose. Ce qui est vrai à propos des sciences les plus matérielles doit l'être d'autant plus dans l'ordre de l'initiation.

— Le regard de l'idolâtre se dessèche, sa réflexion devient une coque vide. Privé de sève, il est l'esclave des images fuyantes, n'apercevant pas les signes que Dieu a répandus dans le monde.

— Cela ne se rapproche-t-il pas des mauvais tours du diable ? N'est-ce pas lui qui inspire toutes les idolâtries ?

— Le diable, c'est se hâter. Le voyage initiatique est long. Le facteur « temps » n'entre pas en ligne de compte. Celui qui est trop pressé ne supporte pas de vivre loin d'une certitude, de quelque chose de sûr à quoi il pourrait se raccrocher en toutes circonstances. Mais qu'importent les jours et les nuits passés à étudier, à chercher, à comprendre et à ne pas comprendre ! L'essentiel est de vivre le lien du monde de plus en plus intensément. D'entrer au cœur de cette pierre qui nous parle.

— La quête de la vérité n'est pas une compétition sportive. Mais c'est difficile à accepter aujourd'hui, dans notre civilisation de diplômes et de titres.

— L'initié n'a ni diplôme ni titre. Et les initiés ne sont pas classés les uns par rapport aux autres. C'est vrai que notre temps est l'idolâtre des diplômes qui permettent parfois à l'incompétence d'agir en toute impunité.

— L'idolâtrie, ne serait-ce pas aussi se prendre au sérieux ? Et prendre au sérieux les jugements de valeur de notre époque ?

— Le diable, c'est celui qui se jette en travers, en essayant de dévier la voie droite. Il est vrai que le rire fait fuir le diable. Si tu ne te prends pas au sérieux, si tu ne t'attardes pas à tes réussites, tu n'as pas à redouter les idolâtres. Mais il y a plus redoutable que ces desséchés.

— Plus redoutable, cette jeune femme qui se contemple dans un miroir ? Une courtisane, la frivolité, la séduction, la luxure... toutes tendances qui évoquent la prostituée de L'Apocalypse, celle qui fait manger des viandes impures aux serviteurs de Dieu.

— Tu n'as pas complètement tort, mais il y a beaucoup plus que cela.

— Le miroir ?

— Quel est son nom, chez les Égyptiens ? me demanda Pierre Delœuvre.

— Le miroir s'appelle « Ouvreur-du-visage », il est aussi synonyme de « vie ». Il fait se révéler les objets, il leur donne vie.

— Mais il ne transmet pas seulement l'image du monde visible. Le miroir est aussi le moyen d'obtenir un reflet perceptible du monde invisible. Notre univers, disaient nos Pères, est l'immense miroir de Dieu où nous pouvons connaître la sagesse. Notre vision intellectuelle est indirecte. La vision intuitive nous permet de passer à travers le miroir et de comprendre la réalité au-delà de ses reflets. L'astrologue dirige son miroir vers le ciel et non vers sa propre personne. « Si la tranquillité de l'eau permet de refléter les choses, expliquait Tchouang-tseu, que ne peut celle de l'Esprit ? Qu'il est tranquille, l'esprit du sage ! Il est le miroir de l'univers et de tous les êtres. »

— Un personnage curieux que j'ai étudié, un alchimiste nommé Zosime de Panopolis, affirme que celui qui se regarde dans le miroir de Vérité ne regarde pas les ombres, mais la lumière qu'elles cachent.

— Pas comme notre personnage, observa Pierre Delœuvre. L'importance de son miroir lui échappe, puisqu'il se contemple lui-même au lieu d'observer l'univers. Il se condamne à un égocentrisme stérile et stérilisant. Puisque tu évoquais les alchimistes, qui ont tant fréquenté nos communautés, tu sais peut-être qu'ils ont parlé du miroir et de son rôle dans la préparation de l'Œuvre. Surtout, ne nous contemplons pas pour le plaisir de nous admirer ! L'âme qui se regarde dans le miroir alchimique découvre ses imperfections. C'est ce regard courageux qui la purifie.

— Mais cette purification doit avoir un but ?

— Que le regard naisse du miroir et non de l'homme profane. Cette contemplation-là ne s'accomplit pas dans le royaume des ombres. Elle nous délivre des liens du narcissisme, cette autre forme de suicide.

— Ce que nous voyons dans le miroir, c'est notre parcelle de Lumière ?

— Oui, c'est ce qui, en nous-même, est plus que nous-même. Qu'est-ce que le Miroir des Sages, sinon une forme de l'Esprit dans sa pureté première ? Quand un homme s'y regarde et s'y voit tel qu'il est, il ne craint plus ni dieux ni démons, il n'est esclave d'aucun vice et d'aucune vertu.

— Vous me rappelez le proverbe arabe : « Ni vice ni vertu ne franchiront la porte du Paradis. »

— Les initiés de l'islam disent que le Miroir est placé au-dessus de sept portes et de douze maisons. C'est lui, en vérité, qui permet de voir le cosmos dans son harmonie, dans ses sept planètes comme dans ses douze signes.

Depuis que nous parlions du miroir, une idée me tracassait. Les dernières paroles de Pierre Delœuvre ouvraient tant d'horizons que je me sentis obligé d'intervenir, de lui faire part de mon objection.

— Il me semble, lui dis-je, que nous sortons du monde des obstacles. Nous ne parlons plus de l'égocentrisme stérile, mais du cosmos, nous ne...

— Il n'est pas d'autre moyen d'accomplir les épreuves, m'interrompit Pierre Delœuvre. Les décrire, les nommer, les connaître est essentiel. Ce qui nous intéresse, ce ne sont pas les obstacles en eux-mêmes, mais bien les forces de vie déviées qu'ils incarnent. Des forces que tu entrevois malgré le voile qui les recouvre. À condition, continua-t-il avec une ironie bienveillante mais perceptible, de ne pas s'effondrer dès la première manifestation de l'invisible.

— Vous voulez parler de ce lièvre ? demandai-je en contemplant le sixième obstacle. Et de ce chevalier peureux qui s'enfuit à cause de ce petit animal, allant jusqu'à abandonner son épée ? Comment peut-on être capable d'une telle lâcheté ? J'ai déjà vu cette scène sur d'autres cathédrales, à Paris, à Amiens, à Chartres, à Reims. Je suis surpris de la retrouver ici, tellement elle paraît invraisemblable.

— Ne crois pas cela. La lâcheté est un phénomène fréquent sur la voie de l'Initiation. L'homme chargé de remplir une fonction aussi importante que celle de chevalier redoute un petit animal inoffensif parce qu'il entretenait des illusions sur sa propre valeur.

— Le lièvre est un animal nocturne, un habitué des ténèbres. Ne sortirait-il pas d'une de ces étranges forêts où les chevaliers partaient à l'aventure ?

— Sans nul doute, et cela rend encore plus manifeste la lâcheté de celui qui s'est engagé dans la forêt des symboles sans se préparer, sans véritable désir. Combien de déclarations n'a-t-il pas faites ! Il était le plus fort, il vaincrait d'une pichenette les monstres les plus horribles ! Et voilà le résultat. Un lapin qui sort d'un buisson et notre chevalier, grand initié en théorie, tremble de peur et abandonne ses armes.

— Cela évoque quelques cas troublants, même parmi les « maîtres spirituels » de tout poil !

— Surtout parmi ceux-là. Il n'y a pas de maîtres spirituels. Il n'y a que des Maîtres d'un métier qui transmettent une sagesse et une expérience vécue. La peur du chevalier déchu n'est autre que le refus de vivre l'aventure initiatique, parce qu'elle exige une remise en cause de soi-même. Pour affronter les vrais dangers et remporter les vraies victoires, il faut d'abord abandonner nos fausses sécurités.

— L'habit ne fait pas le chevalier, dans le cas présent. Il paraît être initié, il a reçu l'épée, mais tout cela n'était que théâtre et mascarade.

— C'est pourquoi la lâcheté est un obstacle si important sur notre voie. Parmi les initiés qui ont franchi les premières portes, il y a eu des usurpateurs. Mais quand ils ont rencontré ce malheureux lièvre, ce signe vivant venu du fond de la forêt magique, la supercherie a été révélée. Ne fais pas comme ceux-là. Prépare-toi à la venue du Maître en esprit, reconnais-le dans toutes les créatures. Si tu demeures authentique face à toi-même, tu ne seras jamais un lâche. Authentique, quoi qu'il t'en coûte et il t'en coûtera beaucoup dans un monde où la lâcheté et le faux-fuyant sont élevés au rang de valeurs respectables.

— Garder l'épée, ne pas lâcher son arme, n'est-ce pas le meilleur moyen pour ne pas fuir ?

— Sur le chemin initiatique, nous abuser nous-même en voulant abuser autrui conduit à la mort. Garde ton épée de lumière et demeure un guerrier. Tu auras besoin de tout ton courage pour franchir le septième obstacle. Celui qui nous sépare de la porte du temple.

Impressionné, je contemplai le dernier obstacle. Une scène violente, brutale comme une chute définitive dans un abîme.

— Je vois un cavalier désarçonné par sa monture. Je connais cette scène, car je l'ai vue dessinée par le Maître d'Œuvre Villard de Honnecourt dans son carnet de croquis. Elle existe dans d'autres cathédrales.

— Indique-t-il une interprétation ?

— Oui, il explique que l'on doit représenter ainsi la Vanité. Les Anciens la décrivaient caracolant sur un cheval furieux, pressant sans arrêt de l'éperon le pauvre animal et se ruant vers son ennemie, l'Humilité. Mais Vanité tomba la tête la première dans une fosse, dans un grand désordre de gestes incohérents. C'est donc cela, l'obstacle suprême. Un orgueil démesuré.

— Ne confonds pas orgueil et vanité ! La vanité est néant et mort. Le vaniteux est celui qui part à l'aventure en prenant soin d'emporter avec lui toutes ses imperfections. Il s'imagine que sa seule présence suffira à franchir n'importe quelle étape. Mais le cheval, le monde des instincts, désarçonne violemment une pensée disharmonieuse. Le vaniteux méconnaît l'œuvre à accomplir.

— Qu'entendez-vous par orgueil ?

— L'orgueil est le courage du voyageur qui ne s'avoue jamais vaincu devant le mystère. Pour chevaucher convenablement le destrier qui l'emmène vers le temple, il nourrit son Feu intérieur par un orgueil noble, le désir de renaître, de se recréer, de vivre l'initiation ici-bas et dès maintenant. N'oublie pas que les sept obstacles ne sont jamais définitivement vaincus. Ils resurgiront entre chaque nouvelle étape de notre chemin. Garde-les présents à ta conscience. Mais sache que nous sommes les premiers responsables de nos défaillances.

Toutes les difficultés s'évanouiront si nous sommes capables de nous vaincre nous-mêmes. Il est temps, à présent, d'interroger l'Arbre sec.

Nous quittâmes le pilier aux sept épreuves pour nous diriger vers le huitième des trente-trois degrés de la Sagesse.

Les petits mystères de l'Arbre sec à la Lune

8e degré

L'Arbre sec ou la première prise de conscience

Le premier aspect de l'initiation n'était guère engageant : un arbre décharné, aux branches dépouillées. La tristesse d'un monde privé de tout.

— C'est la mort, lui dis-je. Et je crains que ce ne soit aussi ma propre mort, comme si j'avais échoué devant les obstacles.

— C'est la mort, tu as raison, mais pas celle que tu imagines. L'Arbre sec n'apparaît qu'à celui qui lutte contre ses obstacles. C'est au moment où nous croyons que le poids à soulever est trop lourd que la première porte s'entrouvre. À cet instant précis, nous devons ouvrir les yeux, prêter attention à la voix des symboles, être en état de vigilance, d'éveil : si nous ne voyons que l'apparence de l'Arbre sec, nous croirons que l'initiation est mort-née et nous chercherons d'autres chemins, plus brillants, qui ne seront que des culs-de-sac.

— Pourtant, il n'y a aucune vie dans cet arbre. On dirait que le voyage initiatique est terminé avant d'avoir commencé.

— Loin d'être la fin du voyage, cet arbre apparemment sec est son début. Il est l'arbre d'hiver où sont présents tous les possibles, bien qu'ils soient cachés. La sève a cessé de monter, l'énergie est retenue à l'intérieur du tronc et des racines. Aucune extériorité, mais une intériorité presque totale, un retour sur soi nécessaire pour entrer sur le chemin. Comprends que la sève n'a pas disparu. Elle n'est pas encore apparue. Les racines n'ont pas été arrachées, elles n'ont pas encore été vivifiées. Tous les arbres savent que c'est le principe créateur qui humilie l'arbre élevé et élève l'arbre humilié, qui fait sécher l'arbre vert et reverdir l'arbre sec.

— Impossible d'être l'arbre fleuri à ce moment du voyage, n'est-ce pas ? On attendait une révélation totale dès le premier pas, et l'on est humilié par sa découverte.

— Rendu humble, plutôt qu'humilié. Le vaniteux se détournera de l'Arbre sec, le pèlerin authentique fera monter la sève en lui.

— Plusieurs religions disent que Dieu est caché dans l'arbre ; même les chrétiens affirment que le Christ se trouve à l'intérieur du bois.

— Quand Seth a vu l'arbre sec redevenir vert, il a su qu'il se transformerait en croix et que le monde serait sacralisé. Car tout dépend du regard que l'homme adopte face à la vie et à la nature. Il peut passer à côté de l'arbre apparemment mort, le dédaigner, ou bien déceler une lumière qui, bien que très faible, est l'annonce de la grande lumière. Une légende raconte qu'un roi partit pour l'Orient afin d'y découvrir la sagesse. Son initiation achevée, il revint à son point de départ : l'Arbre sec. Il suspendit ses armes à l'une de ses branches. Aussitôt, l'arbre mort reverdit.

— Il faut donc faire confiance à ce symbole de désolation, parce qu'il détient la clef de nos véritables qualités.

— L'Arbre sec n'est pas le but, mais un but. Autrefois, le chevalier ou le pèlerin qui parvenaient à l'atteindre acquéraient une grande renommée. Le frère Oderic de Porderone situait cet arbre sur le mont de Mamre, non loin d'Hébron, expliquant qu'il se trouvait là depuis le commencement du monde. Les tombes d'Abraham, d'Isaac, de Jacob et même d'Adam sont à Hébron. C'est sous l'arbre qu'Abraham s'était entretenu avec des messagers venus du ciel.

— La souche de l'Arbre sec est-elle toujours visible, aujourd'hui ?

— Toujours. Sa présence prouve que le secret de la vie en esprit n'est jamais définitivement perdu. Par l'Arbre sec, l'homme a la possibilité de s'intégrer dans la chaîne des révélations. Sur une carte ancienne du XIIIe siècle, l'explorateur Richard de Haldingham a placé l'Arbre sec dans le voisinage de l'Inde et du paradis terrestre.

— L'Inde ? Pas celle des géographes, je pense. L'Inde des hommes du Moyen Âge était une terre de monstres, et de créatures affreuses hostiles au voyageur.

— La route qui mène à l'Arbre sec n'est pas dépourvue de périls. Cède-t-on au merveilleux, à l'étrange, à l'inhabituel, on oublie la voie initiatique et l'on se perd dans ses propres phantasmes. Lorsqu'on quitte la cité de Cobinan, rapporte Marco Polo, on arrive dans le désert le plus aride qui soit. Il n'y a ni nourriture, ni eau, ni fruits, ni arbres. Au bout de huit jours, on parvient à la province de Tonocain, extrémité de la Perse septentrionale. Là s'étend une immense plaine dans laquelle on trouve l'arbre *sol*, que certains nomment « Arbre sec ». Il est haut et épais. Son écorce est verte d'un côté et blanche de l'autre. Il produit une châtaigne, mais totalement vide.

— Vous me révélez ainsi le nom caché de l'arbre. Arbre *sol*, c'est l'arbre seul, n'est-ce pas ? Le risque de l'enveloppe vide, privée de toute substance, c'est notre solitude ?

— Arbre sec est synonyme d'homme isolé au milieu de l'univers, de celui qui n'a pas encore perçu les relations immatérielles entre les parcelles de vie, les liens invisibles entre les êtres et les choses, la cohérence de la pensée et ses possibilités de connaissance.

— Mais l'Arbre sec est l'origine de l'expérience initiatique réelle ? Elle commence ainsi à se former en moi-même, si je suis sincère.

— Lorsque tu contemples le lieu où l'arbre se dresse, nomme tes imperfections et tes faiblesses sans la moindre complaisance. Connais-toi en fonction de l'univers et non d'une quelconque psychologie. Ta vacuité ne sera plus un vide glacé, mais un appel à ta plénitude future. Sais-tu ce que les contes du Graal disent de l'Arbre sec ?

— Il est mis en rapport avec Ève, je crois ?

— Ève avait gardé un rameau de l'arbre de vie en souvenir de son malheur. Comme il n'y avait en ce temps-là ni huche ni coffre où le mettre, elle le piqua en terre. Par la suite, ce rejeton apparemment mort-né de l'arbre paradisiaque, cet arbre que l'on croyait sec, s'éleva vers le ciel.

— En le plantant, Ève avait donc effacé la faute originelle ?

— Qui ne recherche pas le « pourquoi » de la vie se détourne de l'Arbre sec. Il le méprise, le juge vil, préfère une nature plus luxuriante et plus attrayante. Il oublie que le sentier de l'initiation est étroit. Celui qui désire connaître pose la question : « Pourquoi cet arbre est-il sec ? » Il ressent alors en lui la présence de racines immortelles. Il se prépare à les replanter dans une terre céleste.

— Il y a quelque chose d'incohérent, à mon avis. Arbre sec semble être l'équivalent de point extrême, de terme ultime. Serait-ce le point final de l'évolution humaine ? Sûrement pas, puisque nous ne sommes qu'au début du chemin. De quel terme s'agit-il ?

— Un terme et une mort qui se confondent avec une naissance. La fin de l'existence profane, la mort du vieil homme, le passage de l'homme statique à l'homme en devenir. Maître Eckhart exprime à merveille l'état d'esprit de celui qui assume un tel changement d'état : « La lumière brille dans les ténèbres, c'est alors qu'on la voit. À quoi serviraient aux hommes la lumière et l'enseignement, s'ils n'en tirent point profit ? C'est quand ils sont dans les ténèbres et les souffrances que doit apparaître leur lumière ! »

— Plaindre l'Arbre sec en se félicitant de ne pas être à sa place serait la pire des erreurs.

Je pense qu'il faut en utiliser le bois pour en faire un bâton de voyage. Comme le chantait le sage égyptien, « le bois tordu est dépouillé dans le champ pour que la sécheresse et l'ardeur du soleil le frappent ; le charpentier l'emporte, il le redresse et en fait le bâton d'un sage ».

— Du vide momentané surgit une plénitude, de la stérilité douloureuse surgira la floraison. C'est aussi cela, le miracle de l'initiation. Arbre sec et matière à sacraliser sont des termes parallèles qui ouvrent la voie. Délaisse toute attitude de suffisance, appuie-toi sur ton bâton de pèlerin. À Rouen, au Moyen Âge, une fontaine à trois tuyaux arrosait d'eau froide un arbre sec nommé « peuple » dont les feuilles vertes grandissaient à vue d'œil. Je me demande si l'on n'exprimait pas ainsi la régénération de la communauté grâce à la transmission de l'esprit.

— L'Arbre sec correspond-il à la prise de conscience qui ouvre la porte du temple ?

— Jadis, la vie avait péri par un arbre, planté sur la tombe du Maître. Maintenant, pour toi, la vie commence à refleurir par un arbre qui n'est sec qu'en apparence. À l'instant où tout paraissait perdu, une minuscule clarté est née au fond de tes ténèbres. Dans la matière première de si vile apparence gît le secret de ta transmutation de demain. L'arbre isolé est ta solitude à l'orée de la voie initiatique. Tu n'as pas encore planté tes racines dans la terre nourricière, ta conscience ne produit pas encore ses fruits. Pourtant, tu viens de comprendre que le chemin s'ouvre devant toi, grâce aux paroles de l'Aigle qui vient vers nous.

9ᵉ degré

L'Aigle ou l'intuition de la lumière

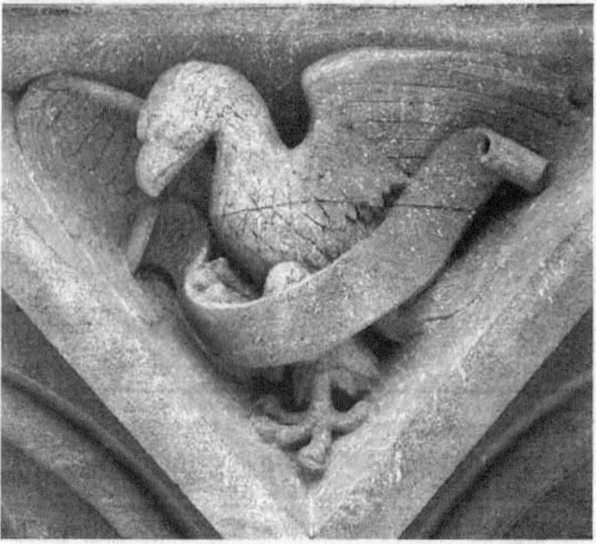

— Tu te trouves dans le narthex, me dit Pierre Delœuvre, dans l'avant-temple. Cette fois, tu changes d'univers. La porte de l'existence profane est déjà derrière toi. Tout sera signification dans le monde où tu avanceras pas à pas, à condition que tu saches donner un sens à ce que tu rencontreras.

— L'Aigle, en premier lieu.

— L'Aigle et son compagnon qui le suit, le Taureau, forment le groupe des gardiens. Vigilants, ils sont les signes les plus éclatants d'une réalisation initiatique achevée, puisqu'ils forment le couple indissociable de la lumière et de la création.

— Comment atteindre d'emblée des idéaux aussi élevés ? Je sort à peine de la nuit de ma conscience, et vous me demandez de percevoir ce que je considère comme les valeurs les plus hautes !

— Dans notre monde moderne, lorsque nous désirons apprendre quelque chose, nous commençons par l'étude de notions simples puis, progressivement, nous nous attaquons à des problèmes plus compliqués. Mais quand le postulant pénètre dans l'enceinte du temple, il ne cherche pas à apprendre quelque chose. Les bâtisseurs ne sont pas des professeurs. Leur démarche n'est pas scolaire.

— Le néophyte ne part pas d'une analyse pour aller vers une synthèse ?

— Certes non. Il connaît d'abord d'une manière virtuelle la plus grande perfection qu'il puisse concevoir et s'attache ensuite à la rendre réelle. Tout se passe comme s'il se trouvait au pied d'une montagne immense dont il distingue le faîte. S'il n'avait pas en lui l'image du sommet, même assez floue, il ne songerait pas à entreprendre l'escalade.

— Vous me demandez de voir la cathédrale achevée, alors qu'on vient de m'admettre sur le chantier et que l'œuvre est à peine commencée.

— C'est cette vision qui doit demeurer en ton cœur et te servir de guide à travers tes épreuves. L'Aigle et le Taureau sont les deux flèches qui surmontent les tours. Ils déposent dans ton regard le but de ton voyage. Ils te demandent de situer ta pensée au niveau le plus élevé que tu puisses concevoir.

— L'Aigle, c'est le symbole de Jean, l'apôtre préféré du Christ, le témoin de la lumière.

— C'est pourquoi tant d'églises lui ont été dédiées. Jean occupe une place très importante dans la symbolique de nos confréries de bâtisseurs. Aux côtés de Thomas, il sert de modèle aux Maîtres d'Œuvre. Il règne sur la fête d'été, sur ce moment où les confréries se réunissent en un joyeux banquet. Il détient aussi la coupe d'immortalité de laquelle sort le serpent de l'intelligence.

— Pourquoi l'Aigle de Jean m'apparaît-il à cet instant du voyage ?

— Sans doute parce que tu as perçu le message de l'Arbre sec en lui prouvant que tu étais capable d'aller plus loin. L'Aigle t'enseigne que tu disposes d'une lumière intérieure dont tu ignores encore la puissance.

— Pourquoi l'Aigle tient-il à ce phylactère ?

— Phylactère... ce mot compliqué a un sens. C'est une combinaison de deux mots grecs. On pourrait traduire par « gardien de la loi ».

— Il est vrai que l'Aigle garde la loi initiatique, les textes sacrés qui nous éveillent à la lumière. À cette lumière qui était dans nos ténèbres et que nos ténèbres n'ont pas réussi à détruire. Le prologue de l'Évangile de Jean n'évoque-t-il pas cette idée ?

— À condition de le lire dans sa pureté première. Dans bien des traductions, on lit : « La lumière était dans les ténèbres et les ténèbres ne l'ont pas comprise. » C'est une erreur, plus ou moins volontairement transmise et répétée. Si l'on se rapporte au texte original, on doit comprendre : « Et les ténèbres ne l'ont pas arrêtée. »

— Ne s'agit-il pas d'un détail de langage ?

— Si ce n'était que cela, me répondit Pierre Delœuvre, je n'en aurais même pas parlé. L'érudition n'est pas nécessaire pour être initié. Mais certains textes symboliques sont si importants qu'ils méritent d'être scrutés avec rigueur. S'il existait vraiment des ténèbres inaccessibles à la lumière, l'homme serait éternellement condamné à l'ignorance. Dieu resterait au ciel et l'homme ramperait sur la terre.

— Vous estimez que la lumière passe à travers la matière la plus opaque, à travers l'homme le plus fruste ?

— Nul écran, nulle muraille ne parviendra à dénaturer complètement le dessein premier de l'Architecte des mondes.

— Il faut encore apercevoir un sentier, une manière de sortir de son désert et de ses ténèbres.

— Tout dépend de la nature des ténèbres dans lesquelles voyage le postulant à l'initiation.

— Que voulez-vous dire ?

— Il existe deux sortes d'obscurité. La première, les ténèbres extérieures, recouvre une zone torturée où l'homme se perd. Nulle part, il n'aperçoit le moindre sentier. La seconde est formée des ténèbres intérieures. Cette fois, l'homme a compris que son égoïsme le rendait aveugle et il est rentré en lui-même afin de s'interroger sur sa véritable nature. Alors, au plus profond de son être, il distingue une pâle lueur derrière laquelle il entrevoit un long couloir, une enfilade de colonnes. Cet état d'être correspond au passage du postulant dans une sombre crypte où ne brille qu'une faible lueur. Cette première clarté contient pourtant les qualités de la gigantesque lumière qui lui sera offerte au terme de son voyage.

— Le gardien de cette lumière, c'est l'Aigle ? C'est lui qui l'offre au postulant ?

— L'Aigle est la faculté qui ouvre le chemin de lumière. Il nous rend capable de pressentir l'ultime réalité. Monte sur les ailes de l'Aigle, découvre les paysages de l'âme, perdus dans le lointain. Une longue période s'écoulera avant ta deuxième rencontre avec l'Aigle. Lorsque tu le retrouveras, le germe des lumières parviendra à maturité. À présent, l'autre gardien nous attend. Allons vers lui. Allons vers le Taureau.

10e degré

Le Taureau ou l'intuition de la création en esprit

— Le Taureau… voilà un animal qui m'est familier.

— Je suppose que tu penses aux taureaux sacrés des Égyptiens, et à tous ceux qui ont été magnifiés par les religions anciennes ?

— L'un des costumes rituels de Pharaon comportait une queue de taureau. Dans l'animal s'incarnait la puissance créatrice du roi. C'est ce qui est proposé à l'initié ?

— C'est pendant l'ère du Taureau que naquirent et rayonnèrent les grandes civilisations initiatiques, comme l'Égypte, la Babylonie, la Chine ou l'Inde védique. Ce message de création ne s'est pas perdu. Comme l'Aigle, le Taureau guide le postulant et forme son intuition, sa possibilité de pénétrer au cœur de la vie.

— Cette nouvelle étape est-elle un apprentissage de l'action créatrice, d'un art de vivre qui serait de nature royale ?

— Le Taureau, dit Pierre Delœuvre, est le point de départ d'une vie vraiment consciente. Si l'on représente l'univers comme une série de roues en mouvement, l'animal symbolise leur moyeu commun, le centre immobile qui met en marche l'ensemble des sphères. Il est une clef majeure de nos transformations intérieures. Avant de le connaître, l'initié subissait encore une certaine immobilité ou se laissait entraîner par une « roue » dont il ne contrôlait pas la vitesse. Il cherchait en vain son équilibre. En passant par le Taureau, tu changes de dimension. Tu essaies de vivre à la fois le centre et la périphérie, de te mouvoir en restant stable.

— Selon la symbolique égyptienne, le soleil prend parfois la forme d'un taureau d'où surgit la nature entière.

— Pour le bâtisseur, c'est la révélation d'une qualité essentielle : cesser d'attendre une vérité qui viendrait de l'extérieur et créer son propre chemin.

— Je comprends mieux pourquoi le Taureau était lié à Ptah, le dieu des constructeurs et des artisans.

— Le Taureau apprend à l'humanité le bon usage de la matière. Il est la force capable de provoquer la naissance de la vie et d'animer l'univers d'une manière permanente. Il introduit la lumière dans chaque parcelle de vie. Sans lui, tout s'arrêterait.

— En Babylonie, dieux et déesses formaient une assemblée présidée par El, la grande divinité sémitique connue de la Bible. Le terme « El » peut être utilisé pour désigner n'importe quelle divinité, et l'une de ses épithètes les plus fréquentes est précisément « taureau ». Il n'y a pas que Babylone qui conçoive le Taureau comme maître et père des dieux. Dans le *Livre des morts* égyptien, le sage entre dans la ville de l'union parfaite, car son cœur et sa tête se sont réveillés intacts sous la couronne blanche. Il conduit les êtres supérieurs et fait croître les inférieurs. Je suis, affirme-t-il, le taureau parfait qui marche dans la turquoise.

— Plus tard, on a simplifié les qualités symboliques du Taureau, en lui attribuant un rôle de père du troupeau et de grand fécondateur. On perdit de vue que cette fécondation était d'abord de nature initiatique.

— La rencontre avec le Taureau est donc la révélation de nos facultés créatrices ?

— À condition que tu sois un rude guerrier ! Dès qu'il te verra, le Taureau te combattra.

— Cet affrontement ne correspond-il pas à une vieille scène relatée dans les *Textes des Pyramides* ? Le roi, avant de rejoindre ses frères les dieux, demande à un gigantesque taureau de le laisser passer. Ce taureau possède quatre cornes. La première est à l'Occident, la seconde à l'Orient, la troisième au Midi, la quatrième au Septentrion. Le corps de l'animal est entièrement lumineux. Après avoir prouvé la pureté de ses intentions, Pharaon convainc enfin son interlocuteur qui accepte de baisser sa corne d'Occident et de lui ouvrir la route.

— Notre initiation a préservé le voyage de l'Occident vers l'Orient où point la lumière. Là, l'homme renaît sous la forme d'une étoile posée sur la « main » du Taureau. Le patriarche Hénoch, qui monta au ciel de son vivant, eut le privilège de voir de nombreuses étoiles descendre du haut du cosmos et se poser sur notre sol. Là, elles devinrent des taureaux.

— J'ai l'impression que le Taureau est indissociable de la création du roi, dans la plupart des civilisations.

— Chez les Celtes, le Taureau était celui qui intronisait le nouveau souverain. Un prêtre mangeait la chair d'un taureau blanc pour que, pendant la nuit, le visage du futur souverain lui apparaisse en rêve et qu'il puisse le désigner au peuple à son réveil. Dormir revient à dissiper le poids d'une journée, à mourir au passé. Le sommeil nous régénère et nous prépare à la renaissance du matin. Le Taureau se manifeste à l'aube sous la forme du soleil et féconde les champs de ses rayons. Périodiquement, il ranime les temples et les statues de culte.

— Votre confrérie a-t-elle recueilli l'héritage des initiés au culte de Mithra ?

— Tu veux parler de ce courant initiatique dont on dit qu'il concurrença le christianisme naissant ?

— Oui, car les adeptes de Mithra accordaient une importance majeure au culte du Taureau. Le mur du fond de chaque temple de Mithra, le dieu au bonnet phrygien, était orné d'une scène représentant l'exploit essentiel qu'il avait accompli au bénéfice de l'humanité : la mise à mort du Taureau. Les temples étaient installés dans des grottes dont la voûte symbolisait le ciel. De part et d'autre du grand-prêtre, on dessinait le soleil et la lune. Lors d'une initiation, en tant que représentant de Mithra, le chef de la communauté tuait à nouveau le Taureau pour que surgisse une autre vie, aussi exaltante que la première création. Un rayon de soleil jaillissait vers lui tandis que le sang de la bête immolée inondait le néophyte agenouillé dans une fosse au-dessous de la victime. Symbole de l'amour créateur, le Taureau offrait son existence au nouvel adepte.

— Si tu suis son exemple, fais le sacrifice des imperfections qui entravent la venue de ta seconde naissance. Connais-tu le rite du passage par la peau ?

— Les Égyptiens en parlent. L'adepte doit entrer dans une peau d'animal, redevenir embryon et renaître.

— Dans une peau de taureau, pour entrer en contact réel avec les dieux. Entrer à l'intérieur du symbole, passer par lui, c'est cela qui compte.

— J'ai remarqué, dans quelques cathédrales, la présence d'un labyrinthe. Autrefois, presque toutes en comportaient un. Les labyrinthes ont souvent été détruits volontairement. Peut-être parce que le Minotaure, le taureau-gardien du labyrinthe, effrayait quelques esprits ?

— Il n'est pas facile d'atteindre le centre du labyrinthe. Nos pères placèrent parfois le visage d'un ou de plusieurs Maîtres d'Œuvre au centre de ce réseau apparemment compliqué où, en réalité, personne ne peut se tromper de route. Entrer dans le labyrinthe n'est rien. À l'intérieur, on s'aperçoit qu'il n'y a qu'un chemin possible. La difficulté est d'y rencontrer le Maître d'Œuvre, le Taureau réalisé, le seul être qui est toujours situé dans le milieu juste.

— Pour y parvenir, la force proverbiale du Taureau est nécessaire.

— C'est pourquoi il fut le symbole du travail acharné, de l'œuvre « finie » et parachevée. Pour conquérir l'état d'être nommé « Taureau », il te faut exercer une force de caractère très particulière : la volonté de faire tout et tout de suite, quelles que soient les circonstances. Bien sûr, c'est impossible. Nous ne supprimons pas le temps. Mais nous pouvons conserver en nous cet idéal. Le dynamisme du Taureau est celui qui permet de déplacer des montagnes. Un constructeur a besoin de cette force lorsqu'il participe à l'édification du temple.

— Que demande une confrérie de bâtisseurs, sinon d'organiser notre monde intérieur et de toujours construire ?

— Que la carrière soit riche ou pauvre, que le terrain soit plat ou régulier, le Taureau n'en a cure. Il s'adapte aux difficultés du moment et en tire le meilleur parti.

— On racontait beaucoup de légendes sur la virilité du Taureau. L'animal, disaient les conteurs du Moyen Âge, a le sexe chaud. Quand il s'engage dans la vulve de la femelle, il éjecte son sperme sans faire aucun mouvement. S'il manquait la vulve en appliquant son membre à une autre partie du corps de la femelle, il la blessait, à cause de son effort trop violent. Mais jamais il ne couvre la femelle après qu'elle a conçu. Je crois que de tels écrits contiennent des vérités cachées.

— Comment comprends-tu l'accouplement du Taureau et de sa femelle ?

— Comme la complémentarité indispensable entre l'activité et la réceptivité, l'équilibre entre le feu ardent qui nous fait désirer l'absolu et la température intérieure, capable de conserver le fruit des résultats acquis.

— À la puissance, l'initié « Taureau » ajoute le calme de sa maturité. Lorsque le monde « tourne bien », le sage laisse faire les choses. Le diable, je te l'ai dit, est celui qui se hâte et s'irrite de ses échecs.

— On disait aussi que l'oreille du Taureau était exceptionnelle, capable d'entendre à une très grande distance.

— Par l'intercession du Taureau, l'initié perçoit des réalités spirituelles encore très éloignées de lui.

— La queue du Taureau était le siège d'un pouvoir magique. Les adeptes des mystères de Mithra expliquaient que des épis de blé jaillissaient de la queue du taureau sacrifié.

— Pour nourrir la communauté ! Le Taureau est un créateur, un être qui dépense sans compter. Les légendes de nos saints lui ont fait une large place. À Toulouse, on vénérait la mémoire de saint Saturnin. Les autorités romaines avaient décidé son arrestation, puis lui avaient ordonné d'adorer les idoles. À cause de son refus, il avait été attaché à un taureau dont la course sauvage s'était terminée sur les marches du Capitole. Autour de la tombe, une cité nouvelle s'était édifiée. L'immense église Saint-Sernin commémore l'événement : un bas-relief représentant le saint debout, accompagné du Taureau créateur, ornait le portail ouest. La rencontre d'un homme de Dieu et d'un Taureau est l'occasion parfaite pour fonder un temple et célébrer un culte.

— Et le fameux récit de Guilbert de Nogent à propos des bœufs de la cathédrale de Laon ? Un jour, l'un des prétendus bœufs qui tiraient des chariots pleins de pierres sur la pente de la colline où l'on édifiait la cathédrale tomba sur le sentier, épuisé. Alors apparut un « bœuf » mystérieux qui prit la place de son frère défaillant et mena le chariot jusqu'au sommet. Son travail accompli, il disparut.

— Celui qui apparut ainsi était l'antique Taureau céleste, capable de spiritualiser la matière en transmettant la puissance créatrice. Aucun obstacle ne lui résiste. C'est lui, le véritable fondateur des églises, dont il indique le futur emplacement. Laisse-moi te raconter l'histoire de Gargan. En l'an 390, il y avait, dans Siponto, un homme qui se nommait Gargan. Il possédait un troupeau immense de brebis et de bœufs. Tandis que ces animaux paissaient sur les flancs du mont, un taureau s'éloigna pour monter au sommet et ne rentra pas avec le troupeau. Le propriétaire prit un grand nombre de serviteurs afin de le chercher. Il le trouva en haut de la montagne, à l'entrée d'une caverne. Mécontent, Gargan lance contre l'animal une flèche empoisonnée, mais celle-ci revient vers lui et le blesse. Les habitants de Siponto, effrayés, demandent à l'évêque le sens de cet étrange événement. Celui-ci se met en prière. Après trois jours de jeûne, l'archange Michel lui apparaît et lui fait savoir qu'il habitera désormais sur le lieu désigné par le taureau.

— Dans la légende de fondation du Mont-Saint-Michel, il y a un fait comparable. Michel s'était manifesté à un évêque au lieu-dit « Tumba », près de la mer, c'est-à-dire le mont Tombelaine. Comme l'évêque hésitait sur le futur emplacement de l'église, l'archange lui ordonna de l'élever à l'endroit où il trouverait un taureau que des voleurs avaient caché. L'évêque étant encore embarrassé au sujet des proportions de l'édifice, l'archange lui expliqua qu'elles correspondaient exactement aux traces que les sabots du taureau avaient imprimées dans le sol.

— L'enjeu est bien celui-là : découvrir les proportions de l'Œuvre qui s'accomplit. Dans la mesure où tu as un être vrai et une nature vraie, tu rendras justes toutes tes actions. Mais la ternarité annoncée par le Taureau n'est encore que virtuelle. Beaucoup d'étapes restent à franchir avant de parvenir à la Maîtrise.

11ᵉ degré

Les Masques ou la dualité

L'Aigle et le Taureau m'avaient donné un intense espoir. J'avais l'impression de découvrir un panorama immense, que rien ne limitait. En arrivant devant les Masques, j'eus une sensation étrange, déconcertante. Un mélange de crainte et de volonté de vaincre à tout prix.

— Avec ce que t'ont appris l'Aigle et le Taureau, me dit Pierre Delœuvre, tu disposes des éléments nécessaires pour dialoguer avec les personnages aux masques.

— Les personnages... il n'y en a pas qu'un, c'est vrai. Ils sont quatre et chacun tient deux masques.

— C'est la constatation essentielle. Ils ne forment pas plusieurs étapes de l'initiation, mais une seule, décomposée en ses différentes phrases par le sculpteur pour que nous percevions bien ses intentions. La dualité s'offre à toi, sous ses divers aspects.

— Le premier personnage, au regard perdu dans le lointain, tient deux masques opposés qui soufflent de l'air. Je ressens un déchirement, une dualité non résolue. Le bien exclut le mal, et vice versa. Je suis écartelé entre deux tendances contradictoires.

— Le Principe unique, insécable, est pourtant découpé par la raison raisonnante. À ce moment, l'initié subit une chute, la sortie d'un paradis. Il considère la vie sous un angle antagoniste. Mais poursuis ton chemin.

— Le deuxième personnage empoigne les Masques qui ne soufflent plus d'air. Il les tient par le sommet, les campe solidement sur ses genoux. Son pied gauche s'appuie sur le pied droit. Il a une assise. Je cesse d'être le jouet inconscient de forces contraires.

— Tu es le seul responsable de la dualité. En te confrontant à tes propres contradictions, tu n'affirmes plus un bien absolu, souvent confondu avec ton intérêt personnel.

— Pourquoi les vents ne figurent-ils que dans la première des quatre scènes ?

— Ils sont tempête, agitation.

— Pourtant, le vent m'apporte un dynamisme, il m'aide à rester en mouvement.

— Souviens-toi : « La main de Dieu fut sur toi, et il t'emmena, et il te déposa au milieu de la vallée, une vallée pleine d'ossements. Et il te dit : Ces ossements vivront-ils ? Tu diras : Esprit, viens des quatre vents, souffle sur ces morts, et qu'ils vivent ! »

— En Égypte, les vents faisaient verdir les champs parce qu'ils contenaient la vie. On les représentait par des génies sur les parois des temples et des sarcophages. Sur beaucoup de reliefs imageant la mise à mort du taureau ou la naissance de Mithra, les quatre angles correspondent aux dieux des vents.

— Dans la première figure, les vents permettent à l'homme que déchirent ses contradictions de ne pas mourir. Lorsqu'il est parvenu à l'attitude suivante, où il commence à lutter, les vents disparaissent. Le souffle vital, au lieu de rester à l'extérieur, a pénétré en toi. Progresse encore.

— Le troisième personnage élève les deux Masques. Son geste m'est très familier. On le voit souvent dans l'art égyptien. Je pense qu'il signifie que l'homme est maître de sa vitalité spirituelle. Le sculpteur n'a figuré qu'un seul pied. Une certaine unité est réalisée.

— Le divin est aussi en toi. Puisque ta vision tronquée du réel est source de tes conflits, tu décides d'élever la dualité, de la sublimer. La prise de conscience statique consistait à savoir que la dualité existait. La prise de conscience dynamique est la perception de l'énergie unifiante qui règne partout. Mais une ultime réponse est encore à venir pour franchir cette étape. Regarde avec attention.

Dans cette dernière scène aux Masques, il y avait quelque chose de totalement nouveau. Une paix, une harmonie.

— Je crois que la dualité est surmontée, mais je ne parviens pas à dire pourquoi.

— Une loi géométrique est inscrite dans cette sculpture, expliqua Pierre Delœuvre. Les Masques, toujours élevés, sont disposés selon la règle de la Divine Proportion. L'image de pierre nous montre une ligne, dont les Masques sont les deux points extrêmes et la tête de l'homme le point médian, qui exprime l'harmonie la plus pure : le petit segment – du Masque de droite à la tête de l'homme – est au grand – de la tête de l'homme au Masque de gauche – ce que le grand segment est à la totalité. Nous assistons au moment précis où l'initié découvre le principe de la Beauté. Les Maîtres d'Œuvre ne comptaient pas. Les chiffres sont figés. Ils créaient l'harmonie des édifices par l'application de la proportion d'Or, dite aussi proportion musicale.

— Cette Divine Proportion n'est-elle pas la vie même ?

— Elle nous enseigne que le monde n'est pas symétrique et qu'aucune chose n'est égale à une autre. À nous de chercher le troisième terme, de dépasser les oppositions stériles.

— Cela me rappelle des phrases extraordinaires de l'Évangile de Thomas, qui a révélé des paroles secrètes du Christ : « Lorsque vous ferez de deux Un et que vous ferez l'intérieur comme l'extérieur, et l'extérieur comme l'intérieur, et ce qui est en haut comme ce qui est en bas, et lorsque vous ferez du mâle avec la femme une seule chose, alors vous entrerez dans le royaume. »

— N'oublie pas le Masque. Il n'a pas été choisi au hasard. C'est aussi par lui que s'exprime notre progression vers la Divine Proportion.

— Au Moyen Âge, les acteurs des mystères sacrés portaient des masques symboliques, hérités des cérémonies rituelles de l'ancien Orient où les dieux procédaient à la création du monde par l'intermédiaire de prêtres qui prenaient leurs visages. Ces masques permettaient de mettre sans cesse au présent le monde d'en haut. Sur les sarcophages, les masques étaient les signes de la culture du défunt.

— À condition que tu ne donnes pas au mot « culture » le sens d'accumulation de savoir encyclopédique. Pour nos pères, la culture était chose essentielle : un travail incessant sur notre terre intérieure. Culture de la terre et culture de l'âme sont des opérations analogues. Les alchimistes nommaient leur science « art du labourage ».

Dans la plus importante des fêtes initiatiques, la Saint-Jean d'hiver, les masques sont utilisés pour expulser les « incultes », c'est-à-dire les forces de destruction aveugles.

— Notre mot « personnalité » ne vient-il pas du latin *persona* ? Peut-on estimer que ceux qui participent à un rituel initiatique placent une « personne » sur leur visage, qu'ils adoptent une personnalité sacrée en prenant un masque à l'image d'un dieu ?

— En franchissant l'obstacle de la dualité, tu passes de l'individualité refermée sur elle-même à la personnalité ouverte sur l'univers. Mais cette conquête déclenche des forces d'une exceptionnelle puissance. Des forces qui peuvent prendre un aspect terrifiant.

12e degré

Le Dragon ou l'éveil conscient de la foi

— Pourquoi ? Pourquoi, après avoir dépassé la dualité, voir surgir cet être monstrueux, qui crache du feu, les pattes solidement accrochées à la terre par des griffes, des ailes au dos ?

— Parce qu'il n'est pas un monstre. Regarde le Dragon de plus près. Il représente l'union des quatre éléments : le feu, qui sort par sa gueule ; l'air, par ses ailes ; l'eau, par sa queue ; la terre, par ses griffes. La matière universelle est ainsi offerte aux futurs Maîtres d'Œuvre. Il reste à rechercher la Quinte-essence, le cinquième terme.

— Lutter avec le Dragon ?

— Oui, c'est le moment de vivre en guerrier, au sens initiatique de cette fonction.

— Partout, les héros ont lutté contre des forces redoutables : Horus en Égypte, Marduk en Babylonie, Apollon en Grèce, saint Michel dans la chrétienté. Comme les autres sages, le Christ a rencontré des dragons. Je me souviens d'un passage des Évangiles dits « apocryphes » où il est relaté que la sainte Famille parvint à une grotte pour s'y reposer. Marie descendit de l'âne et s'assit, tenant Jésus sur ses genoux. Il y avait trois jeunes garçons qui accompagnaient Joseph et une jeune fille avec Marie. Soudain, de nombreux dragons sortirent de la grotte. Les enfants poussèrent des cris de terreur. Alors, Jésus, descendant des genoux de Marie, se dressa devant les dragons. Ces derniers cessèrent d'être menaçants. Ils l'adorèrent, puis disparurent.

— Un enfant peut vaincre le Dragon. Ou plus exactement un guerrier qui a retrouvé l'état d'enfance, celui de tous les possibles, de toutes les disponibilités. Autrefois, on montrait le Dragon à tous. On ne le cachait pas. Souviens-toi de ces crocodiles empaillés que les Croisés et les pèlerins rapportèrent du Moyen-Orient. On les suspendait à la voûte d'un porche ou d'une chapelle, et même parfois à l'intérieur de l'église, comme à Saint-Bertrand-de-Comminges.

— Le dragon-crocodile... en Égypte, le dieu crocodile était nommé Sobek. Il montrait une redoutable agressivité contre les esprits ensommeillés.

— Ne te limite pas à l'apparence d'un dragon-crocodile maléfique, emblème du diable.

— C'est vrai, il existe un Sobek solaire. C'est Plutarque, un initié aux mystères d'Osiris, qui a parlé de l'aspect positif du crocodile divin. On disait de lui qu'il est l'image de Dieu, parce qu'il est le seul animal qui n'a point de langue. De fait, la raison divine n'a pas besoin d'articuler de sons pour se manifester. On dit aussi du crocodile que c'est le seul animal qui, vivant dans l'eau, a les yeux couverts d'une membrane légère et transparente qui lui descend du front, de sorte qu'il peut voir sans être vu, ce qui est aussi le privilège du premier des dieux. Le *Livre des morts* m'a enseigné un moyen de soumettre le crocodile-dragon : s'il se présente sous son aspect le plus effrayant, je dois tourner mon visage vers la déesse Maât, garante de l'harmonie universelle.

— Alors, l'illusion s'estompe. Le Dragon révèle sa nature divine. Il défend une fontaine et protège des trésors cachés. Dans certaines régions, on portait en procession, derrière la croix, un dragon dont la queue était remplie de paille. Lorsqu'elle était vide, la Loi divine était accomplie. En alchimie, la queue du Dragon ouvre la voie vers la pierre philosophale. Rappelle-toi le conte de Peredur qui nous parle de la queue d'un reptile où se trouve une pierre merveilleuse, qui permet à son possesseur d'obtenir tout l'or qu'il désire. Dans son gosier, le Dragon cache des pierres précieuses. Certains dragons portent même au front l'escarboucle, l'une des « pièces honorables » de l'héraldique, où l'on voit huit lignes jaillissant d'un point unique.

— Tout cela pour indiquer que le Dragon ne représente pas le mal, mais la possibilité de l'expurger en découvrant la pierre de transmutation ?

— Le Dragon la détient, ainsi que la « Langue des oiseaux ».

— L'ensemble des voix célestes ?

— La compréhension des états spirituels et leur transmission à autrui. Ce qu'on a nommé aussi le « don des langues », la faculté de parler le langage de chacun, de s'ouvrir à la vision d'autrui.

— Le Dragon, lui aussi, me paraît posséder un caractère royal. Même les chrétiens ne l'ont pas toujours oublié. En pleine bataille d'Argentoratum, c'est un dragon de couleur pourpre, celle de l'empereur, qui permet aux soldats de reconnaître Julien. Il intervient directement dans la guerre pour préserver un roi en descendant de son trône céleste. Les Byzantins faisaient du Dragon un Basileus, un empereur doté d'un palais et d'une cour.

— Si le Dragon est un monstre qui terrasse le couard, il est surtout Dragon divin, comparé à un monarque siégeant sur son trône céleste et détenant la foudre. C'est à lui que nous devons la fertilité de la terre.

— Le roi des anciennes traditions, remarquai-je, était considéré comme prêtre et guerrier. Non pas un fanatique qui impose ses lois arbitraires, mais celui qui lutte sans cesse pour que cette terre fertile le demeure. De telles valeurs ont probablement été conservées dans vos confréries.

— Oui, et tu les trouveras dans les textes initiatiques. Dans le cycle du Graal, la fonction de prêtre est exercée par Merlin, celle de roi par Artus. Il nous est dit qu'Artus et ses bons compagnons s'assemblèrent sous la bannière de Merlin où un petit dragon semblait lancer des flammes. On croyait voir sa langue bouger sans cesse dans sa bouche. Merlin est le sage qui inspire le suzerain par son Verbe de feu. Il choisit le Dragon pour orner sa bannière, car il connaît la Quinte-essence. Artus, avant le combat, place sur sa tête un heaume d'or avec un panache recourbé en forme de dragon.

— Le symbole désignant l'Abbé lui-même était parfois un dragon. On le voit par exemple à La Chaise-Dieu, sur une miséricorde des stalles.

— L'Abbé était conçu à la fois comme roi et prêtre. Guide de la communauté, il réunit en lui le divin et l'humain. Capable du plus grand amour et de la plus grande sévérité, il maintient ses moines sur la voie droite et les incite sans ménagement à rechercher la vérité en toutes circonstances. Il n'en va pas autrement pour le Maître d'Œuvre et ses apprentis.

— C'est le Frère Dragon qui m'apprendra à percevoir les enseignements du Maître d'Œuvre ?

— Selon Hermès Trismégiste, le dragon est un animal vigoureux, à longue vie, sans malice et, de quelque manière, ami des hommes. Il se laissera apprivoiser par qui saura lui parler. Quand il aura vieilli, il reprendra une nouvelle jeunesse, comme la race des dieux.

— Le Dragon est une force qui me permet de me régénérer et de remettre mon idéal en question.

— Il est puissance de feu. Il attend la main qui le domptera. C'est pourquoi il doit être pacifié et rendu ami. Ne t'y trompe pas : lorsque tu vois les nombreuses scènes où des saints et des héros luttent avec des dragons, leur intention n'est pas de les tuer. Ils savent que leurs adversaires, dans ce terrible combat, sont immortels. Cette lutte n'est pas un déferlement de haine, mais la conquête d'une maîtrise. À la fin du combat rituel, l'initié demande au Dragon : « As-tu l'intention de me dévorer dans tes flammes ? – Non, répond le Dragon, je vais plutôt t'éveiller, afin que tu puisses te nourrir de moi. »

— Je crois que la crainte du Dragon serait une erreur fatale. Désirer le dialogue avec lui, c'est déjà apaiser sa fureur.

— Il a pour mission d'emmener l'âme du juste vers le ciel en lui indiquant les chemins secrets des nuages. L'homme qui se construit scelle un pacte avec le Dragon pour qu'il lui montre l'emplacement des véritables trésors, les forces spirituelles qui ne feront pas défaut au voyageur authentique.

— Dans ce rituel d'initiation, l'étape « Dragon » n'est-elle pas un formidable éveil ?

— L'éveil d'une foi consciente. Ton Frère Dragon, dit Pierre Delœuvre, ne mesure pas sa force. L'éveil qu'il donne est parfois d'une violence telle qu'il renverse tout sur son passage, risquant de détruire ce qu'il voulait régénérer. C'est pourquoi tu as besoin du Dauphin.

13e degré

Le Dauphin ou le salut toujours possible pour qui le désire

Je me sentais animé d'une force nouvelle, communiquée par le Dragon. Mais les dernières paroles de Pierre Delœuvre étaient à la fois angoissantes et rassurantes. Qu'un nouveau passage fût à franchir, c'était une certitude. Mais à quels dangers fallait-il échapper ?

— Le Dauphin, dis-je en observant la sculpture, était considéré comme le roi des poissons. On affirmait qu'il disposait d'exceptionnelles qualités morales. On estimait que son instinct, si affiné, était fort proche de la raison humaine. Les expériences scientifiques modernes ont prouvé que sur ce point, comme sur tant d'autres, l'intuition des Anciens ne s'était pas trompée.

— On insistait sur la rapidité du roi des eaux. Il va directement à l'essentiel, sans s'égarer dans les chemins sans issue, sans se laisser prendre par les courants perfides qui font dériver le nageur ou le bateau. Se jouant des illusions comme des tentations, le Dauphin est la lumière du monde marin.

— Pline le naturaliste disait que le Dauphin aime la musique, allant même au-devant des vaisseaux où des marins en jouent.

— Des matelots, pour s'emparer de l'argent qu'avait gagné Apion, se préparaient à le tuer en pleine mer. Le musicien obtint d'eux de chanter une dernière fois en s'accompagnant de sa lyre. La musique attira les dauphins. Apion se jeta à la mer, et fut transporté par l'un d'eux sur la côte du promontoire de Ténare.

— Pour rencontrer le Dauphin, faut-il apprendre à jouer de cette musique ?

— À forger tes rythmes personnels en les harmonisant sur la mélodie de l'univers, sur les vibrations du cosmos. Mais le Dauphin n'est pas seulement en relation avec l'eau. La légende rapporte que, lors d'un déluge, les dauphins envahirent les forêts et prirent possession des bois. Car il n'y a pas de coupure entre la corporisation de la terre et la sensibilité de l'eau pour l'intelligence qui unifie au lieu de diviser. Les forêts gardent le souvenir du temps où les végétaux formaient une langue sacrée.

— Dionysos lui-même a été en contact avec des dauphins ?

— Des pirates ivres avaient lié Dionysos au mât de leur navire. Par la suite, ils tombèrent dans les eaux et devinrent des dauphins. Dionysos, dont le corps fut déchiré sur une montagne et dispersé aux quatre coins du monde, est l'interprétation grecque de l'Homme cosmique que le Maître d'Œuvre reconstitue. Lier Dionysos est impossible. C'est vouloir restreindre l'incommensurable. Pourtant, il est nécessaire de le lier par le rite, ce joug libérateur. Dionysos ne punit pas les marins ; il leur accorde une nouvelle mutation.

— Le Dauphin, lui aussi, est un Frère qui me guide sur le chemin ?

— Lui aussi te conduit à la mort d'où renaîtra ta vie. Laisse-moi te raconter l'histoire de Coeranus le Byzantin. Coeranus vit un pêcheur qui avait capturé des dauphins et s'apprêtait à les tuer. Il acheta les cétacés et leur rendit la liberté. Quelque temps après, alors qu'il naviguait entre Paros et Naxos, son navire chavira et lui seul fut sauvé par un dauphin, qui l'emmena dans une caverne. Quand il mourut, son corps fut rituellement brûlé près du rivage, et les dauphins se rassemblèrent pour assister aux funérailles et rendre un dernier hommage à leur protégé. L'homme est capable d'« acheter » sa libération en reconnaissant les vraies valeurs dans ce qui l'entoure. Coeranus avait accompli un acte de connaissance en sauvant les dauphins. Les funérailles par le feu brûlent l'individualité périssable, l'homme renaît sous l'œil vigilant de la communauté des dauphins qui révèlent les chemins de l'au-delà.

— Si les dauphins sont autour de l'initié, c'est pour lui transmettre des forces invisibles qui le maintiennent sur la voie juste ?

— Ils font plus encore. Lucien d'Antioche, refusant de renoncer à sa foi, fut martyrisé à Nicomédie. Peu après, un dauphin, empruntant les chemins de la terre, emporta le corps du martyr sur son dos, le déposa aux pieds de ses disciples et rendit le dernier soupir. Le corps du saint restait parfaitement stable sur le dos rond et glissant du dauphin. Ce dernier veille à ce que soit préservée la fraternité, le seul lien immortel entre les hommes qui partagent un même idéal initiatique.

— N'y avait-il pas un luminaire rituel disposé en forme de couronne d'où rayonnent des branches que l'on nomme « dauphins » ?

— Du cercle de l'univers naissent sans cesse des lumières qui orientent notre route. Le Dauphin dirige notre navire vers un port dès qu'une tempête se prépare au fond des mers. Par intuition, il prévoit les événements tragiques avant qu'ils ne se produisent et sait les faire éviter à qui l'écoute. Il porte les âmes des bienheureux vers les îles où elles connaîtront la béatitude éternelle.

— Le Dauphin ne m'apprend-il pas à sacrifier ce qui est matérialisant en moi-même, ce qui est inertie, ce qui m'empêche de me mouvoir dans les eaux en toute liberté ?

— Le Dauphin est seigneur des eaux de l'autre monde à travers lesquelles passe l'initié pour obtenir sa purification. Le Frère Dauphin t'emmène vers l'Océan primordial, d'où furent extraites les eaux d'en haut et les eaux d'en bas, vers le lieu d'universalisation de l'être.

— Les Égyptiens nommaient « Noun » l'Océan primordial. Pour eux, c'était un foyer d'énergie vibrante. En lui sont éternellement les dieux, en lui est l'étincelle énergétique qui crée les mondes en permanence.

— Tu comprends pourquoi l'étape Dauphin est l'une des plus délicates qui soient, puisqu'il te faut traverser les océans de toute nature, depuis celui de l'énergie primordiale jusqu'à celui de ton affectivité. Pourtant, au cœur de cette épreuve, le sourire du Dauphin t'adresse cette parole : le salut est toujours possible pour qui le désire vraiment. À condition de ne pas demeurer dans les eaux et d'entendre la voix de la Colombe.

14e degré

La Colombe ou la pureté rénovatrice

Du domaine des eaux où le Dauphin m'avait appris à me mouvoir, j'étais subitement transporté dans celui des airs, avec l'apparition d'une Colombe. Elle m'incitait à m'élever au-dessus de ce que je venais de vivre.

— Rien ne servirait d'avoir connu un symbole de l'intérieur, dit Pierre Delœuvre, si tu n'allais pas au-delà.

— La Colombe n'est-elle pas l'esprit de Dieu planant sur l'univers en formation ? Cet oiseau apportait l'inspiration aux auteurs sacrés, leur donnait la signification des événements qui se produisirent « en ce temps-là ».

— Elle est le messager sûr et rapide qui guide la barque de la communauté initiatique.

— La Colombe trouve toujours le chemin du colombier, disait-on.

— Autrement dit, le chemin du temple. Être fidèle en pureté n'implique pas la soumission aveugle à une autorité arbitraire, mais la faculté de conserver, quoi qu'il arrive, son point de référence dans l'esprit. Pendant les premiers âges de la chrétienté, une colombe apportait le feu nouveau à Jérusalem, chaque veille de Pâques. Dès que faiblit le désir de connaissance de l'initié, une colombe surgit et lui apporte le dynamisme nécessaire pour continuer l'aventure.

— La Colombe n'est-elle pas simplicité, innocence, candeur ?

— Si ces mots n'étaient pas aujourd'hui complètement vidés de signification, tu aurais raison de les utiliser. La simplicité, qui est réceptivité au divin, n'est pas à confondre avec une stupidité béate. Pour beaucoup, le « simple d'esprit » est confondu avec l'idiot du village. Dans le langage des Anciens, le simple en esprit était considéré comme un sage qui n'opposait plus aucun écran individuel à la vie. La pureté de la Colombe est le fruit conscient de cette innocence humble, résultat d'un long travail, d'une attention constante à l'universel qui passe à travers toi.

— Mais cette humilité n'est-elle pas un renoncement facile ?

— En aucun cas. Humilité n'est ni humiliation ni faiblesse, mais regard élevé vers le ciel.

— Les ailes de la Colombe ne sont-elles pas essentielles ? Elles apportaient la grâce de l'Esprit.

— En regardant une colombe, Hugues de Saint-Victor méditait ainsi : « La colombe a deux ailes, comme il y a deux genres de vie, la vie active et la vie contemplative. Les plumes bleues de ses ailes indiquent les pensées du ciel. Les nuances du reste du corps, ces couleurs changeantes qui font penser à une mer agitée, symbolisent l'océan des passions humaines. »

— La vie spirituelle de l'Occident, du moins depuis le début de l'ère chrétienne, oscille entre le cloître et la cité. En nous-même, c'est un conflit identique.

— Parce que notre ordre social n'est plus issu du modèle cosmique. Nous nous dirigeons, à travers des périodes de terribles chaos, vers un nouvel état d'indifférenciation d'où sortiront sans doute de nouvelles architectures. Temples et cathédrales sont l'illustration d'un travail de communautés qui ignoraient la séparation entre l'actif et le contemplatif. Il doit en être ainsi dans l'esprit de l'initié qui, peu à peu, dépasse les catégories arbitraires qui séparent sa méditation de son action.

— Si je comprends bien, la Colombe nous invite à unir les vérités du cloître et de la cité, à donner un même corps à ces deux ailes.

— C'est pourquoi l'épouse du Cantique des cantiques, l'une des nombreuses expressions de la Mère universelle, a des yeux de colombe. Son regard contemple l'action divine dans laquelle méditation et réalisation sont indissolublement liées. Ton âme deviendra Colombe dans la mesure où elle s'approchera de la lumière. Le regard qui naîtra de cette approche illumine à la fois le voyageur et le chemin.

— L'ancienne Mère cosmique des traditions initiatiques n'a pas complètement disparu. La Vierge Marie était bien la Notre-Dame présidant à l'édification des cathédrales ?

— Les gnostiques avaient préservé un autre symbole. Ils estimaient que l'Esprit Saint était de nature féminine. Ils se souvenaient du fonctionnement des anciennes triades divines, où une polarité « masculine », s'unissant à une polarité « féminine », donnait naissance à un Enfant Dieu. Aspect féminin du créateur, la Colombe est Pureté qui reçoit le message divin en toute conformité. Elle est comparable au vase qui ne détruit pas la moindre parcelle de l'eau qu'il reçoit.

— Je pense que cette Colombe est l'ultime formulation de la conception égyptienne du *ba*, l'âme oiseau qui sort de la tombe à son gré pour gagner le ciel et revenir ensuite animer le corps.

— Pour se détacher du monde matériel sans omettre de le spiritualiser. La pierre précieuse du Graal prévient de la mort ceux qui la connaissent. Elle les conserve dans une éternelle jeunesse. Chaque vendredi saint, une colombe envoyée par Dieu pose sur la pierre sacrée une hostie et renouvelle ses vertus.

— La pierre doit donc être nourrie ?

— L'homme est une pierre, il s'intègre à sa juste place dans la cité céleste que les Maîtres d'Œuvre tentent de construire sur la terre. Pierre vivante, l'initié a besoin d'une nourriture particulière qui assure sa croissance et le rende plus cohérent, plus stable. L'un des secrets de la Colombe est que l'authentique jeunesse réside dans le renouvellement incessant de nos conceptions.

— Dans certaines églises, autrefois, on suspendait des colombes en cuivre émaillé et doré. L'intérieur en était creux, et on y plaçait des hosties consacrées. Je crois que ces objets, aujourd'hui oubliés, n'étaient pas dissociables du vase contenant le Graal.

— Porteuse de la substance divine, la Colombe renaît chaque matin et annonce à l'univers entier la présence du soleil dont les rayons atteignent notre cœur. Pendant le rituel, chacun pouvait s'interroger sur la signification de cette étrange Colombe.

— Il y a un détail dont nous n'avons pas parlé. La Colombe tient dans son bec un rameau d'olivier.

— Les anciens prêtres utilisaient le rameau dans les rites divinatoires pour déceler les présages favorables. Loin de s'adonner à une magie naïve, ils tentaient de comprendre les pulsations et les rythmes du cosmos.

— D'où provient ce rameau ?

— Seth le prit dans sa main, après avoir planté un rejeton de l'arbre de vie sur la tombe de son ancêtre Adam. Il aspirait à le réunir au tronc de l'arbre immense qui lie le ciel à la terre et que des initiés chrétiens ont identifié au Christ. En franchissant l'étape de la Colombe, tu fais un nouveau pas vers l'arbre fleuri afin de t'y greffer et de retrouver la pureté des origines.

— Ne disait-on pas que le magicien, capable de se soigner lui-même, était comparable à une colombe tenant un rameau de laurier ? La colombe malade plaçait dans son nid une feuille de laurier suffisant à la délivrer de ses maux.

— Guérir par soi-même correspond au moment initiatique que nous vivons. En te purifiant, tu puises au plus profond de toi-même la volonté qui te délivrera de tes entraves, de tes « maladies ». Les anciens rois, le Christ lui-même étaient comparés à des médecins guérissant les âmes. Les Pythagoriciens disaient que l'initiateur connaissait tous les remèdes nécessaires à la bonne santé spirituelle. Ne te fie pas à l'aspect charmeur de la Colombe. Elle t'offre une épreuve des plus rudes. Il te faut sortir de l'océan des pensées, du flot des énergies, sans pour autant les perdre de vue, afin de porter à ton tour le rameau de vie vers une terre nouvelle dont tu ne connais pas encore l'emplacement. C'est l'un des sens majeurs de la pureté rénovatrice dont le bâtisseur prend connaissance : savoir tout quitter sans renoncer à rien. À condition que l'Éléphant t'accorde ses qualités.

15e degré

L'Éléphant ou l'intelligence réceptive

Devant moi se présentait le véritable chef des animaux, selon de nombreux textes anciens. C'est lui que Job nommait « bête des bêtes », le maître incontesté du règne animal.

— Quand les Égyptiens voulaient symboliser un roi qui fuit la folie et l'imprudence, ils peignaient un éléphant.

— Oui, dit Pierre Delœuvre, car l'Éléphant propose à l'initié de concevoir un nouveau mode de royauté. La grandeur de l'Éléphant n'est pas matérielle. Son rôle de guide des autres espèces repose sur trois qualités fondamentales : l'intelligence, la piété et la chasteté.

— Tout le monde reconnaît l'intelligence de l'Éléphant. Pline le naturaliste dit qu'il comprend le langage du lieu où il habite, vénère les astres, honore le soleil et la lune, comprend et tolère la religion des autres.

— Plusieurs fonctions sont mises en jeu : la faculté d'adaptation, l'ouverture d'esprit et surtout la pratique d'une tolérance. À l'étape « Éléphant », il est demandé à l'initié de comprendre la pensée d'autrui sans imposer la sienne, malgré la puissance et la stabilité dont il dispose.

— Je connais une légende disant que les éléphants, mus par un mystérieux instinct, arrachent des rameaux aux forêts où ils habitent et les élèvent avec vénération vers le ciel auquel ils adressent de confiantes prières.

— Médiateurs entre la terre et le divin, les éléphants atteignent une première sagesse. Cela s'explique par l'amour que l'Éléphant porte à l'instruction et à la réflexion. Il se consacre volontiers à de longues études.

— Cette recherche intellectuelle ne comporte-t-elle pas de graves inconvénients ?

— C'est vrai. À force d'utiliser l'essentiel de son énergie dans la méditation, l'Éléphant éteint peu à peu le feu de sa sexualité et finit par omettre son devoir de paternité. Comme sa moralité est inaltérable, il prend conscience de son erreur et désire prolonger sa race. Alors, il se rend compte qu'il n'a plus la force de procréer. Par bonheur, les livres symboliques lui ont appris la manière dont il peut se racheter. Il emmène sa compagne vers l'orient, non loin du paradis. Là, elle cueille la mandragore et la présente au mâle dès le lever du soleil. L'ardeur de l'Éléphant renaît. Il s'unit à son épouse et engendre un unique rejeton qui, comme son père, développe rapidement son intelligence.

— Savoir méditer est indispensable, mais je ne dois pas me retrancher du monde extérieur, rester en circuit fermé. Je dois donc formuler à tout prix ce que j'éprouve ?

— En te recréant dans ton effort de transmission. Comme l'Éléphant, retourne vers la source de lumière, vers l'orient, où les facultés intellectuelles sont régénérées par une vision plus globale de la vie en esprit. La femelle qui connaît le secret de la plante de vie offre une matrice à l'intelligence, elle lui permet de s'incarner et de porter ses fruits, marqués du sceau de l'unité.

— Il me semble que la trompe de l'Éléphant est un élément extraordinaire. Les Anciens la comparaient volontiers à la main de l'homme.

— Elle marque une première possibilité d'action. L'Éléphant nous emmène un peu plus loin sur le chemin de l'homme réalisé. Il développe l'union de la voie spéculative et de la voie opérative, déjà annoncée par les ailes de la colombe.

— On parle beaucoup de l'Éléphant dans les *Bestiaires*. Aux Indes, les pèlerins avaient vu des éléphants si énormes qu'on les prenait pour des montagnes. Ils avaient même noté des détails incroyables. Comme l'éléphant ne peut plier ses jambes, il est incapable de se relever s'il vient à tomber. Aussi, pour se reposer ou pour dormir, il s'appuie contre le tronc d'un arbre. Le chasseur qui l'a remarqué inflige à cet arbre une large coupure qu'il dissimule. Puis il va se cacher, attendant le retour de la bête qui revient prendre son repos sous le même arbre, s'y appuie de nouveau et tombe avec lui. S'il ne survient personne pour s'emparer de lui, il se met à gémir, puis ses appels deviennent perçants. Beaucoup d'autres éléphants arrivent alors, jettent de grands cris qui en attirent d'autres. Tous, grands et petits, par une admirable entente, réussissent à soulever leur frère et lui évitent la mort. Tout cela signifie, je crois, que l'initié peut s'effondrer sur le chemin et se trouver dans l'incapacité de se relever de ses erreurs. Que penser de la guerre des éléphants contre les dragons ? Ces derniers pouvaient étrangler les éléphants dans leurs replis, ils attaquaient la femelle éléphant qui mettait bas dans un fleuve.

— L'Éléphant évoquait le baptême initiatique. On assimilait même la femelle à Marie portant en elle le Verbe incarné. Regarde encore la sculpture. Un détail ne te surprend-il pas ?

— Son oreille, répondis-je après un long moment d'observation. L'Éléphant a une oreille humaine. En Égypte, le symbolisme de cette partie du corps se rapporte à l'omniscience du Créateur. Je pense aux stèles décorées uniquement avec des oreilles et dédiées au dieu Ptah.

— Ce qui te surprendra peut-être, c'est que l'oreille est liée à la lumière. Il y a une lampe pour chaque oreille, une lumière plus ou moins intense selon l'ouverture de notre « ouïe » au sacré.

— Je comprends mieux le précepte ancien : « L'image d'une oreille signifie un travail à venir. »

— Tu ne peux te mettre à l'œuvre qu'en ouvrant ton oreille à la voix de ton Seigneur intérieur.

— Dans *Les Évangiles de l'Enfance*, il est rapporté que le Verbe pénétra dans la Vierge par son oreille. La nature de son corps fut ainsi sanctifiée, et elle fut purifiée comme l'or dans le feu.

— Le Concile de Nicée, pour ne parler que de celui-là, a condamné ceux qui transmettaient ce mythe ésotérique. Dans le missel, pourtant, ne lisait-on pas autrefois : « Réjouis-toi, Vierge mère du Christ, qui a conçu par l'oreille » ? Tu vois, les transmissions initiatiques ont la vie dure. Même les dogmes mille fois répétés ne peuvent pas les occulter définitivement.

— L'oreille du degré initiatique « Éléphant » me semble être réceptivité à la grande intelligence, celle de la nature.

— Loin d'être passif, tu prépares ton milieu intérieur pour recevoir, lors d'une étape ultérieure, le Verbe.

— Pourquoi ces figurations, sur les chapiteaux, où l'on voit un éléphant porter sur son dos de grandes tours ou de lourdes charges ?

— L'Éléphant nous indique que notre réceptivité, qui doit supporter le poids de l'œuvre, ne peut pas être mollesse et passivité. L'Éléphant livre à l'initié les clefs de la méditation telle que la conçoivent les constructeurs de cathédrales. Non pas un rêve fugitif ou un repliement paresseux sur soi-même, mais la préparation des assises du temple futur. Il te faut bien acquérir cette qualité d'être pour affronter le Serpent qui t'attend sur le chemin.

16e degré

Le Serpent ou l'intelligence agissante

— Le mal. L'incarnation du diable. Le Serpent. Un face-à-face avec le reptile qui a précipité l'homme dans le malheur.

— Je n'y crois pas, dis-je.

— À quoi ?

— Au fait que le Serpent ne soit qu'un ennemi. La fameuse scène de la Genèse a déformé la tradition primordiale.

— Beaucoup de symboles incompris finissent par acquérir des significations négatives, comme si on rejetait systématiquement dans les ténèbres les idées essentielles qu'ils contiennent. Ici, l'homme élève le Serpent qu'il tient dans son poing. Il le domine, le soumet et ne craint plus le mal.

— Dans l'épopée de Gilgamesh, le héros parvient à découvrir la plante de vie qui lui permet d'obtenir l'immortalité et d'acquérir un nouveau nom : « vieil-homme-rajeuni ». Mais, au moment où il se baigne dans un puits, un serpent, qui avait senti l'odeur de la plante, est monté silencieusement de la terre. Il a volé la plante. Aussitôt, il a rejeté son ancienne peau.

— Comme tu le constates toi-même, le Serpent parachève la renaissance. Le héros connaît le secret, il obtient un nouveau nom, mais le dieu-reptile accomplit la transmutation.

— En Égypte, le Serpent est parfois identifié à Atoum, le grand dieu créateur qui manifesta la lumière. Quand on parle de l'organisation du monde, on évoque toujours le Serpent. On le considère comme le père des pères de tous les dieux. Il est une sorte de ligne vivante, animée, qui va à travers toutes choses.

— Tu parviens ainsi au Serpent cosmique. Il entoure la terre de ses replis, il la protège. À l'origine des temps, il y a une déesse serpent. Elle commença d'être avant les êtres.

— Vous m'évoquez la « grande Mère », celle-là même que reconnaissait l'ensemble des associations de constructeurs, de l'Égypte au Moyen Âge. Par elle, je suis animé d'un immense espoir : se connaître soi-même dans un monde qui n'est plus chaotique, informe, mais nourri par une force immortelle. Les légendes disent que la terre est environnée par le serpent de l'univers.

— Le Serpent que les rois d'Égypte portaient au front était-il une forme de cette déesse ?

— C'était un serpent de feu. Il était chargé d'écarter les ennemis de la route du roi.

— Il incarnait l'intelligence intuitive qui jaillit du front de l'Homme royal. C'est cette qualité-là qu'il est primordial d'apprendre du Serpent.

— Les chrétiens eux-mêmes n'ont pas totalement dédaigné le Serpent. Tertullien était bien obligé d'avouer que le reptile, ressentant les effets de la vieillesse, pénétrait dans une caverne et n'en sortait qu'après s'être dépouillé de sa peau ridée.

— Son collègue Augustin, remarqua Pierre Delœuvre, avait fréquenté des milieux initiatiques. Il rapporte que le serpent expose tout son corps aux coups de celui qui le poursuit, de préférence à sa tête qu'il a toujours soin de cacher. Pour lui, ceci explique la parole du Seigneur, quand il nous recommande d'imiter la prudence de cet animal. C'est Jésus-Christ qui est notre tête, notre chef. Chaque année, le serpent, renfermé à l'étroit dans le refuge de quelque mur, se dépouille de sa vieille peau et reprend des forces nouvelles. Ainsi s'exprime le vœu essentiel : que nous sachions nous dépouiller du vieil homme pour nous revêtir du nouveau, que nous passions par la porte étroite.

— Dans les vieux recueils symboliques sur les animaux, j'ai lu qu'on donnait des conseils au pèlerin. S'il passe par un sentier rustique et qu'il trouve un serpent endormi, il ne le tuera pas s'il préserve sa tête en le frappant. Un seul coup de bâton sur sa tête, et le serpent meurt. Car là réside la sagesse du Serpent.

— À toi de préserver aussi ta tête, image du temple intérieur. Le Serpent tentateur ne craint que l'homme nu, celui qui est dépouillé des artifices, des faux-fuyants. À nous d'acquérir la finesse du Serpent qui sait se régénérer.

— Le Serpent pratique-t-il un art précis pour conserver ce pouvoir ?

— Devenu vieux, le Serpent ne peut plus voir. Voulant alors rajeunir, il prend courage. Il ne mange rien pendant quarante jours et quarante nuits, jusqu'à ce que sa peau s'amollisse. Puis, quand il trouve quelque fente étroite dans une pierre, il y pénètre, laissant derrière lui son ancienne peau.

— Mais son venin ?

— Le Serpent dépose son liquide venimeux dans une grotte, ou dans un trou quelconque, lorsqu'il veut boire à l'eau d'une source pour y apaiser sa soif. À toi d'agir de même si tu désires participer à la vie d'une communauté capable de te désaltérer. À qui approche du temple, on demande d'expulser tout poison hors de son corps, qu'il s'agisse de ses haines, de ses mépris, de ses jalousies.

— Si je parviens à me dépouiller de la peau venimeuse du vieil homme, le serpent maléfique fuira devant moi. Et c'est l'autre Serpent, celui de la science hermétique, qui me guidera.

— Je te le souhaite, mais attends-toi à un rude combat. Dès que tu pressentiras en toi la montée du vieil homme, retire-toi dans la caverne des transformations. Si ton désir spirituel demeure intact, en dépit des épreuves quotidiennes, tu seras capable d'aller jusqu'à la source.

— Nous voilà bien loin du serpent tentateur.

— Le Serpent est frère de l'Éléphant. À l'intelligence réceptive se joint l'intelligence active. Mais prends garde, car là est l'une des tentations les plus grandes. Intelligence ne signifie pas habileté mentale, capacité d'accumuler du savoir ou des connaissances, mais ouverture de l'esprit à la Connaissance. Et, surtout, volonté de rassembler ce qui est épars. À ce stade, tu reçois cette faculté. À condition qu'elle ne périsse pas par l'Épée.

17e degré

L'Épée ou la perception de l'axe de lumière

— C'est à cela que sert la perception des deux intelligences ? À rencontrer l'homme au glaive ?

— Oui, répondit Pierre Delœuvre, car il est détenteur de l'axe médian qui résout la dualité des deux tranchants. Milieu juste, et non juste milieu !

— La vraie justice ?

— Le terme de « justice » est aujourd'hui tellement dépourvu de signification que le vocable de justesse, sur le chemin initiatique, le remplacerait avantageusement. Une justesse qui est rapport dynamique entre l'être et son principe.

— Ce glaive est l'instrument qui nous permet de pratiquer la justesse ?

— Un épisode de la Quête du Graal se rattache directement à la figure de pierre que tu contemples. Lancelot, au cours de ses voyages, est obligé de passer sur un pont constitué par le fil d'une épée. La vie humaine est comparée au tranchant, entouré de deux gouffres profonds où le chevalier dépourvu d'équilibre trouvera la mort. D'un côté, la vanité de l'individu qui croit avoir atteint les sommets de la spiritualité. De l'autre, la tiédeur et la faiblesse de celui qui craint de s'engager sur le chemin. Le sentier médian est celui de l'initiation.

— L'Épée servait aussi à se défendre et à attaquer. Sans elle, je ne pourrai pas triompher des assaillants.

— L'Épée symbolique pourfend l'adversaire sans que le sang la tache. Elle ne sépare pas dans le sens d'une irréparable division, puisque le corps de l'ennemi demeure intact. Elle est faite d'un fer céleste et sert à trancher nos imperfections, nos associations mentales disharmonieuses. Lorsqu'il parlait des trois épées du sage, Tchouang-tseu distinguait les armes qui éclairent et celles qui brisent. « Qu'est-ce que l'épée du Fils du ciel ? Il n'y a rien qui tienne devant elle quand on la pousse d'estoc ; ni au-dessus d'elle quand on l'élève ; ni au-dessous d'elle quand on l'abaisse ; ni à côté d'elle quand on la brandit. Elle fend en haut les nuages flottants, et rompt en bas la trame de la terre. »

— Cette Épée me sert donc à demeurer cohérent dans mon combat ?

— Observe la lame et la garde. Elles forment une croix. Organise ton espace intérieur comme le héros qui ficha une épée en terre, la pointe en l'air, puis sauta et vint se poser à l'horizontale, la poitrine sur la pointe, sans se faire la moindre blessure.

— Par l'Épée, devenir une croix en action, une croix qui se meut au gré de son possesseur.

— Prendre le glaive en main, c'est empoigner un rayon de lumière. Selon les Croisés, la lame était un fragment de la croix illuminatrice.

— Parce que l'Épée était aussi la parole. N'y a-t-il pas un sceau templier où l'épée est entourée de flammes ? Mais se servir de cette Épée-là me paraît difficile ! Elle nécessite une perception de la lumière aussi aiguë que le tranchant de l'arme.

— L'homme qui vit son désir de Connaissance se sert déjà de cette Épée de lumière. Il rend consciente sa véritable nature. Te souviens-tu de cette grande pierre taillée, gisant au milieu d'une place et portant une enclume de fer où une épée se trouvait fichée jusqu'à la garde ? L'archevêque, prévenu de cette anomalie, s'en vint avec de l'eau bénite. Comme il se baissait pour asperger la pierre, il lut des mots qui disaient : celui qui ôtera cette épée sera le roi choisi par Dieu. Et l'épée jetait autant de clarté que deux cierges allumés.

— Peut-on comprendre que ce roi est celui qui accomplit l'acte juste au moment juste ?

— Mettre l'Épée dans les mains d'un bâtisseur revient à lui faire poser la question essentielle sur l'œuvre initiatique, donc à lui faire découvrir la pierre angulaire de l'édifice. Par la connaissance de l'Épée, tu introduis dans ta conscience un axe de lumière, une rectitude indispensable pour vivre ton initiation. C'est par le chemin de l'Épée que tu atteindras le temple de la Lune.

18e degré

La Lune ou la réceptivité consciente

— Avec la Lune, dit Pierre Delœuvre, se termine la première partie de ton voyage initiatique. Le bâtisseur procède à une récapitulation des états spirituels franchis et s'aperçoit qu'il a parcouru un long chemin où ses forces et sa volonté ont déjà été mises à rude épreuve.

— La Lune n'est-elle pas l'occasion de ce constat ?

— Pas seulement. Elle marque une nouvelle étape. Que t'ont dit les Égyptiens sur la Lune ? me demanda-t-il avec une lueur malicieuse dans le regard.

— La Lune est liée au dieu à tête d'ibis, Thot. Grand Maître des hiéroglyphes, les paroles révélées par les dieux, Thot a des fonctions très diverses. C'est lui qui enseignait leur métier aux jeunes scribes. Sur ses grands rouleaux de papyrus, il enregistrait les rituels. Selon une antique légende, le Soleil aurait créé la Lune pour le remplacer pendant la nuit. Après mûre réflexion, il avait confié à Thot la garde de l'astre nocturne.

— La Lune est réceptivité fécondatrice, assimilation progressive du cosmos. La Lune ne se contente pas de refléter la lumière du Soleil, elle la transforme en fonction de sa nature propre. De même le bâtisseur qui a reçu les enseignements de ses maîtres ne se comporte pas comme un perroquet. Il teinte de la couleur de son âme les symboles qui lui sont offerts. Il n'y a pas soumission de la Lune au Soleil, mais complémentarité nécessaire à la vie.

— Un très beau texte égyptien, le *Livre de la vache du ciel*, fait allusion à un rôle mystérieux de la Lune représentée par Thot. Le Soleil, irrité par l'ingratitude de l'humanité à son égard, décide de la détruire et envoie contre elle une déesse avide de carnage. Devant l'ampleur du désastre, le Soleil revient sur sa décision et consent à sauver les quelques hommes qui ont échappé aux crocs de la lionne Sekhmet, déchaînée. Mais elle n'écoute plus les conseils de modération. À Thot de trouver le stratagème qui apaisera sa fureur. Il fait préparer un breuvage à base de plantes et le répand sur toute la surface de la terre. Comme il est rouge, la lionne le confond avec le sang des victimes et s'en abreuve. Très vite, elle sombre dans l'ivresse et se réveille sans haine. Thot-Lune a joué un rôle de médiateur. Sans rejeter la nécessaire punition infligée par le Soleil, il a veillé à ce qu'elle n'outrepasse pas les limites au-delà desquelles on courrait à la catastrophe.

— Lorsqu'il franchit la porte de la Lune, le bâtisseur se prépare à vivre pleinement son destin spirituel. L'astre concrétise l'idéal qui guidait ses pas. La Lune fixe les décisions du ciel et de la terre. Elle rend le jugement des bâtisseurs réunis pour examiner le candidat.

— Entre-t-il une part de fatalité, dans ce jugement ?

— Nos pères n'avaient pas la vanité de penser que l'homme échappe à tout déterminisme. Ils ne croyaient pas non plus à une prédestination rigoureuse. L'homme matériel et l'homme animal sont effectivement soumis aux lois du cosmos. Mais celui qui désire s'accomplir échappe aux carcans du conditionnement.

— À ce stade du rituel, l'apparition de la Lune est un présage favorable ?

— Sainte Julienne, prieure du monastère de Mont-Cormillon au XIIIe siècle, vit une Lune brillante et claire dont une partie demeurait noire et obscure. Le Christ apparut et lui expliqua que la Lune symbolisait l'année liturgique. La partie noire marquait l'absence d'une fête à la gloire du Maître céleste, fête qu'il faudrait instituer pour que l'année soit pleine et complète.

— La Lune équivaut donc à l'ensemble du rituel initiatique ?

— À toute la première partie du rituel que tu viens de vivre. Tu prends conscience que les symboles aperçus tout au long de ton chemin ne sont pas en ordre dispersé. Tu ressens les liens qui existent entre eux.

— La Lune est tantôt croissante, tantôt décroissante. Elle donne plus ou moins d'influx au voyageur.

— Deux aspects indissociables. Qui séparerait son existence matérielle de son existence spirituelle, en oubliant de les prolonger l'une par l'autre, n'irait pas loin sur la voie initiatique. Celui qui est confronté au jugement de la Lune est obligé de choisir. Ou bien afficher ses théories personnelles avec suffisance et refuser les appréciations que la confrérie porte sur son compte. Ou bien laisser ses prétentions à la porte du temple et tenter de devenir à son tour un maître en son métier.

— Connaître le message de la Lune, c'est savoir que nous pouvons nous égarer, même à ce stade du cheminement. Mais où trouver la voix qui nous guide ? Est-ce vraiment celle de la Lune ?

— La Lune est comparée à une barque ou à un coffre en mouvement qui contiennent les mystères divins et les secrets des premiers hommes qui virent les origines du monde. Le temple du dieu-Lune était une cité interdite aux profanes. Ne pénétraient à l'intérieur que les prêtres et les rois.

— La Lune signifie autre chose qu'elle-même ? N'est-elle pas la manifestation de la communauté des constructeurs, de ses secrets et de ses lois ?

— Oui, mais une image qui reste encore nocturne. Le postulant ne distingue pas très nettement le visage des bâtisseurs, masqués par la pénombre lunaire. Sais-tu comment il te faudra parler à la Lune ? Fais naviguer ta parole dans le ciel comme dans le vent, lui diras-tu, et le boire et le manger se multiplient dans les pays ; fais poser par ta parole sur la terre le plan de la cité céleste. Dans cette fonction, il est dispensateur de vie.

— Comme les lions des temples antiques, qui versent les eaux du ciel !

— Par son action, le Lion nourrit la racine des choses, il entretient la lumière cachée.

— Comment retrouver les traces du Lion ?

— Quand il descend de la montagne dans la vallée, si son odorat lui révèle l'approche d'un chasseur, il efface des mouvements de sa queue les moindres traces de son passage. Jamais il ne sera apprivoisé, pas plus que l'esprit de nos confréries. N'espère pas l'amadouer ou le tromper. Présente-toi à lui dans ta vérité. C'est ta future royauté intérieure qui est en jeu. Ce deuxième Lion est un guerrier rude, mais loyal. S'il est ailé, c'est parce qu'il porte un message céleste en lui, celui de l'Ange.

19e degré

Le passage de la Lune au Soleil

— Tu es maintenant parvenu au point le plus critique. Comme tu le vois, il y a une rupture nette entre le monde qui s'achève par la Lune et celui qui commence par le Soleil.

— Il faut passer d'une paroi à l'autre, traverser un vide.

— Après avoir effectué ta première prise de conscience, tu as compris que, dans ta solitude, tu ne parviendrais pas à te bâtir selon les lois divines. Un retour sur toi-même t'a révélé tes qualités potentielles et tu t'es résolument engagé sur la voie de l'évolution initiatique. Tu as franchi plusieurs degrés sur cette voie. Les symboles ne sont pas restés pour toi lettre morte. En travaillant sur ta pierre intérieure, tu t'es peu à peu dépouillé des conditionnements et des entraves que tu t'imposais à toi-même. Les énigmes qui se cachaient sous les figures de pierre ont fait entendre leur voix.

— Sans pouvoir formuler de façon très précise ce que j'ai compris et éprouvé, je crois que quelque chose d'essentiel s'est produit. Ma vision de l'homme et du monde n'est plus la même. Peut-être parce que je ne me considère plus comme le centre de toutes choses. Mais où se trouve-t-il, ce centre ? Où se trouve cette connaissance qui fera de moi un homme réel ?

— Des moyens t'ont été proposés, des routes ont été tracées. Mais l'ultime connaissance n'est encore qu'esquissée. Tu achèves le cycle des petits mystères, des révélations qui te donnent la possibilité de vivre une certaine harmonie. La voix des symboles, toutefois, t'a déjà appris qu'il existe de grands mystères, qu'il faut dépasser le « moi », atteindre une harmonie plus vaste.

— À ce point de mon aventure, je sens que la cathédrale, temple de pierres, est le fruit d'un autre temple, formé de pierres vivantes : la communauté des bâtisseurs. Je crois aussi, sans doute avec beaucoup d'orgueil, que ma volonté de connaître les causes m'évitera de retomber dans certaines ornières. Je suis certain de mon désir d'aller plus loin.

— Ce que l'on exige de toi est à la mesure de tes propres exigences. Il te faut maintenant faire un « saut » décisif, passer de la Lune au Soleil, quitter définitivement l'apparence pour entrer de plain-pied dans la réalité, tout en sachant à l'avance que les futures épreuves seront plus difficiles que celles de la première partie du parcours. Tu peux encore te retirer.

— J'ai prêté serment et je suis prêt à tout risquer. Je veux découvrir la vie nouvelle qui est au bout du chemin.

— Puisque tu le désires, passons d'un côté à l'autre du portail, d'un côté à l'autre de la vie initiatique. Mais auparavant, il y a quelque chose de très important à faire.

— Je suis prêt, je vous le répète.

— Oh ! Détends-toi. Je voulais seulement parler d'un bon déjeuner.

Nous quittâmes pour une heure le portail de l'initiation. Pierre Delœuvre me fit connaître un restaurateur de ses amis, qui nous réchauffa le corps et l'âme d'un solide repas bien arrosé. Quand le temps fut venu de repartir sur le chemin, je me sentis de nouveau rempli de forces, prêt à affronter le froid et le vent.

Les grands mystères du Soleil à l'Arbre fleuri

20e degré

Le Soleil ou la création intemporelle

— C'est par ce Soleil, dit Pierre Delœuvre, que s'ouvre le chemin des grands mystères.

— N'est-il pas la source de chaleur qui entretient la vie, la clarté qui illumine le monde ?

— Il est source de lumière, mais cache aussi certaines lumières que l'œil ne perçoit pas. On a enseigné que le Soleil passait au-dessus de la terre en suivant une ligne droite qui se prolongeait à l'infini et non en décrivant un cercle. Le Soleil d'un jour ne revient jamais. Il est quotidiennement remplacé par un nouveau Soleil.

— C'est là une conception égyptienne, observai-je. L'astre, totalement rénové, est mis au monde chaque matin par la vache céleste.

— Crois-tu vraiment qu'il s'agisse du Soleil matériel, du disque concret ? Ne penses-tu pas à un autre Soleil, invisible, principe et père de tous les soleils visibles ?

— Celui dont on disait qu'il était seigneur de l'univers grâce à qui naquirent toutes les formes d'existence ? Celui qu'il faut faire naître en son cœur ?

— Cette naissance du Soleil secret correspond au moment du rituel où l'on allume une torche dans la nuit. Les Anciens estimaient que les hommes capables de contempler la réalité des grands mystères voyaient le soleil à minuit, dans les plus profondes ténèbres. Pour eux, la nuit était illuminée comme le jour.

— L'initié peut-il vraiment devenir un nouveau Soleil ?

— Ainsi, disait Hermès, l'éternité est image de Dieu, le monde image de l'éternité, le Soleil image du monde, l'homme image du Soleil. Le premier pas du grand voyage est la mise au monde de l'homme-Soleil qui éclaire lui-même sa route.

— C'est pourquoi le Christ, comme les pharaons ou les grands rois des traditions sacrées, était comparé à un soleil issu d'une étoile, à un soleil qui ne se couche jamais.

— Du Soleil, un rayon a jailli. Ce fut la création en esprit.

— Les rayons du Soleil vénéré par le pharaon Akhenaton se terminaient par des mains, pour mieux marquer l'action de la lumière.

— Dans ta nuit intérieure croît un Soleil que tu as à fortifier par la compréhension des symboles.

— Dois-je considérer que mon corps n'est pas seulement un corps, qu'il est aussi un sanctuaire où pourra pénétrer le Soleil ?

— Pas ton corps, mais celui de la confrérie. Elle seule dispose d'une conscience véritablement intuitive qui se nourrit d'un feu intelligent, d'un Soleil de vérité. Les mythes nous apprennent que la bonne marche de la royauté est liée au fonctionnement harmonieux du Soleil des soleils. Le roi-prêtre, berger des hommes, fait vivre l'ordre du cosmos sur la terre. Le Soleil qu'il incarne est un foyer toujours en activité, puisqu'il permet au roi de veiller sur l'épanouissement des êtres.

— La création d'un Soleil intérieur... Vous me faites penser au chant du harpiste, lorsqu'il évoque la lumière. C'est le devenir qui entend sa voix, c'est le créateur qui lui répond. Un Soleil rayonne sur sa poitrine, illuminant son temple intérieur. Les vents le purifient, il peut contempler le Soleil.

— C'est effectivement ce qui se produit dans notre rituel.

— Il est dit que celui qui vit de l'éclat du Soleil chemine en paix sur les eaux et s'unit au rayonnement des bienheureux.

— Avec l'étape du Soleil, l'initié est éveillé à son devoir de liberté. Se conformant à la Règle d'or, il commence à œuvrer réellement au sein de la confrérie. À présent, il aura besoin d'une qualité difficile à bien exercer : la Tempérance.

21e degré

La Tempérance

— Un homme qui verse un liquide d'une coupe dans une autre. Il contrôle le flux, semble-t-il, pour qu'aucune parcelle du contenu ne se perde.

— Le nom caché de cette figure symbolique, dit Pierre Delœuvre, est « Tempérance ».

— On en a fait des statues. Je l'ai déjà vue dans le Tarot. Mais quelle est la nature exacte du liquide ? Pourquoi la Tempérance apparaît-elle après le Soleil et la Lune ?

— Inutile de te dire que cette Tempérance-là n'est pas la sobriété des gens raisonnables.

— Pourtant, une certaine ascèse n'est pas inutile. N'importe quel excès finit pas nous dégrader et par nous faire perdre l'équilibre quotidien sans lequel rien n'est possible.

— Tu ne fais que rapporter des évidences. La Tempérance dépasse le cadre d'une simple morale pratique. Elle te convie à ne pas te laisser envahir par les phénomènes, à ne pas réagir à n'importe quel stimulus extérieur, à te « poigner », à assurer le gouvernement de ta vie. En jeûnant des apparences, tu accéderas à ta propre réalité.

— Par une véritable maîtrise de soi ?

— Plus encore. La Tempérance te convie à boire. À boire une pure liqueur, comme disaient les alchimistes, un breuvage issu des sources de la sagesse.

— Le liquide qui coule entre les deux vases, n'est-ce pas l'énergie vitale ?

— Harmonise en toi l'action des deux vases, le plus et le moins, cette énergie qui circule éternellement entre les deux pôles. C'est l'authentique synthèse. Pas le résultat d'une addition, mais le Un en trois. La Tempérance introduit l'esprit dans la matière. Elle rétablit le lien entre tous les aspects dispersés de ta personnalité. Ce qui est déversé dans un flot généreux est bien l'énergie de la vie, l'expression de la sagesse.

— Vous me demandez de spiritualiser la matière et d'incarner la spiritualité dans le même instant et dans le même geste ?

— Aucune idée, en soi, n'est haute ou basse. L'essentiel est le mouvement incessant d'un vase à l'autre.

— Le « solve » et le « coagula » alchimiques, rassembler et disperser, disperser et rassembler.

— Surtout réaliser le mouvement entre les deux. L'unique lumière de l'univers s'est dissociée en Soleil et en Lune. Ils sont les deux yeux du Créateur. Mais leur regard est unique. À ton tour, tu tisseras le réseau des clartés.

— Par la Tempérance, il est donc possible d'équilibrer ce double rayonnement. Si je vous suis bien, la Tempérance est la voie qui conduit à la découverte du troisième œil ?

— À ce qui est en haut, a dit l'un de nos Maîtres les plus chers, on dit : descends. À ce qui est en bas, on dit : monte. Si tu es en bas et que je veuille habiter en toi, il faut que je descende vers toi. C'est ce que fait le Créateur. Si tu deviens humble, le Créateur descend de sa demeure et s'installe en toi. La terre est ce qu'il y a de plus éloigné du ciel. Elle s'est recroquevillée, elle voudrait échapper au ciel. Mais où demeurer ? Si elle s'enfuit vers le bas, elle arrive au ciel ; si elle s'enfuit vers le haut, elle ne saurait lui échapper davantage. Pourquoi ? Regarde la figure de pierre, regarde la Tempérance : pour cette raison que ce qu'il y a de plus haut se déverse dans ce qu'il y a de plus bas. Ce qui était en haut devient intérieur.

— Les deux vases de la Tempérance sont donc le Soleil et la Lune. Mais dire que le Soleil est actif et la Lune passive me semble stérile.

— Par la Tempérance, le Maître d'Œuvre dépasse cette dualité. Il met les lumières en proportion, selon la loi du Nombre d'or qui te fut enseignée lors du passage par les masques. Comment, d'ailleurs, pourrais-tu rejeter le jour au profit de la nuit, ou la nuit au profit du jour ?

— Tout choix arbitraire me conduirait à l'ignorance.

— L'ignorance... elle nous guette toujours au détour du chemin. Interrogeons l'Homme au bandeau.

22e degré

L'Homme au bandeau ou la contemplation intérieure du sacré

— Je vois un homme, les yeux bandés, la main gauche posée sur le genou gauche, qui lève la main droite en un geste de sacralisation et de consécration. N'est-ce pas un geste accompli habituellement par un évêque ?

— Qu'en penses-tu ? Crois-tu que le sculpteur ait eu l'intention de se moquer du pouvoir ecclésiastique, en peignant un faux évêque, incapable de voir les réalités de ce monde ?

— À ce stade du chemin initiatique, cela n'aurait guère de sens.

— Nos pères ne pratiquaient pas une critique gratuite. La Fête des fous et les rituels analogues, stupidement qualifiés de « licencieux », recouvraient des idées profondes. Ils s'intégraient dans une liturgie globale, qui rendait compte de tous les aspects de l'être humain. Le constructeur du Moyen Âge savait rire. Il mettait l'accent, avec une verve inégalée, sur tous nos travers. Ici, il s'agit d'autre chose.

— Pourquoi un bandeau recouvre-t-il à présent les yeux de l'initié ?

— Ce bandeau n'est pas un voile opaque. Il est la même chose que l'ancienne mitre, cette bandelette retenue par des cordons autour du front, et dont le but n'était pas de masquer la vue.

— Dans le *Livre des morts*, il y a des paroles étranges, prononcées par l'initié pour demeurer vivant dans l'empire des morts. Il s'adresse à la porte qui le sépare encore des enfants de la lumière et il explique que cette porte a un pouvoir grâce à son bandeau.

— Ici, c'est la porte de la vie en esprit qui possède un bandeau et te permet de franchir un nouvel état. Mais qu'arrive-t-il à l'initié d'Égypte, après avoir franchi cette porte qui le séparait encore de la communauté ?

— Il ceint une écharpe dont le nom est « Connaissance ». Elle est brillante, resplendissante, et provient de l'Océan des possibles. Elle est attachée à son front, pour qu'il puisse éclairer les ténèbres qu'il rencontrera.

— Tu le constates toi-même, recouvrir ce bandeau-là était le privilège de l'homme désireux de vivre la royauté de l'esprit. Ici, le geste de consécration indique précisément que nous sommes en présence d'un initié qui a déjà parcouru plusieurs étapes sur le chemin de la connaissance. À lui s'applique le passage du rituel : « J'ai reçu ma couronne, le bandeau de couronnement, j'ai occupé le trône à la place de mon père. »

— Le dieu Bacchus est souvent figuré avec un bandeau sur le front. Les auteurs anciens disent que le bandeau est l'origine du diadème des rois.

Il ceignait aussi le front des prêtres hébreux et celui des sacrificateurs étrusques. Partout, dans notre tradition, on le retrouve.

— J'ai à t'apprendre quelque chose de plus étrange encore. Dans un écrit arménien sur l'enfance de Jésus, il nous est dit que, de retour en Orient, les Mages jetèrent dans le feu le lange de l'Enfant Dieu. Quand le feu se fut éteint, ils en retirèrent le lange blanc comme neige et plus solide qu'auparavant. Ils l'embrassèrent, puis le posèrent sur leurs yeux ! En vérité, dirent-ils, c'est le vêtement du Dieu des dieux.

— Le bandeau a subi l'épreuve du feu, et il est à présent offert aux trois rois. Cela signifie-t-il que, par ce bandeau, ils se remémorent les vérités découvertes lors de leur voyage vers l'étoile ?

— Le Christ lui-même a eu les yeux bandés. « Qui t'a frappé ? » lui demandèrent ses bourreaux, croyant l'avoir aveuglé. Chaque initié passe ainsi par le bandeau avant de recevoir la lumière.

— Mais pourquoi faut-il être privé de la vue à un moment aussi important ?

— Qui t'a dit que ce bandeau te privait de la vue ? Puisse le Maître placer ses mains sur les yeux, pour que nous commencions à voir non point les choses que l'on voit mais celles qui ne se voient pas. Qu'il nous dévoile ainsi le regard du cœur.

— Faire naître une autre vision…

— En revêtant le bandeau comme une porte de lumière, tu fermes ton regard à la curiosité superficielle. Certains ordres religieux ne l'ont pas oublié. Le bandeau de toile que les moines portent sur le front pour méditer est l'un des accès aux réalités intemporelles.

— De nos jours, les yeux bandés ne sont plus attribués qu'à la chance, sur des affiches publicitaires.

— Malgré cet aspect dégénéré, cette iconographie provient du vieux fond symbolique où le destin avait les yeux bandés, parce qu'il ne se préoccupait pas des affaires humaines. Fidèle à ses propres lois, il frappait le riche comme le pauvre, distribuant le bonheur et le malheur sans tenir compte de nos préférences. Le cosmos n'a pas besoin des hommes. C'est nous qui sommes en lui, qui devons le découvrir pour sortir des chaînes du destin.

— La perte de l'initiation, dans notre société moderne, le bandeau qu'elle se met sur les yeux ne vous inquiètent-ils pas ?

— L'initiation n'est pas perdue. Elle est négligée, en raison des circonstances. Demain, elle sera mieux connue, les cycles du temps feront leur œuvre. Mais ne te préoccupe ni du lieu ni de l'heure. Mets le bandeau sur tes yeux pour masquer ce qui est inutile et superficiel ; révèle à ton regard intérieur les qualités qui te serviront à progresser. Les yeux fermés à l'ignorance, explore ton regard intérieur comme un monde nouveau. Accomplis ainsi un authentique recueillement, reconstitue ce qui était dispersé à l'extérieur. Alors, tu verras apparaître le Pélican.

23e degré

Le Pélican ou Foi, Espérance, Charité

— Le Pélican nous retiendra un long moment, dit Pierre Delœuvre. Il nous convie à pénétrer des symboles et des mystères qui échapperont toujours à notre esprit.

— C'est un signe de désespoir devant nos limites ?

— Certes non ! C'est même exactement le contraire. Puisque notre esprit est limité, franchissons ces limites, en sachant que le mystère restera le mystère pour notre mental. Mais il est possible de vivre le mystère, et c'est ce qui importe. Nul ne pourra jamais expliquer la vie et, pourtant, nous la vivons. Que te dit le Pélican ?

— Il a été symbole de la Charité. Mais en prononçant ce terme, j'ai l'impression de dire quelque chose de creux, de vide.

— Le mot a été vidé de sa substance, mais la réalité initiatique demeure. Nous ferons le détour nécessaire pour aller au-delà du mot.

— Le Pélican... c'est surtout l'un des plus anciens symboles de l'humanité. Je le connais grâce aux *Textes des Pyramides*, le rituel de résurrection des pharaons de l'Ancien Empire.

Le magicien s'adresse à la terre. Il la supplie d'engloutir les monstres qu'elle a produits parce que la majesté du Pélican est tombée dans l'eau. Arrière, s'écrie le magicien devant un serpent qui surgit ; cache-toi ! Ne viens pas à l'endroit où je suis, fuis, rampe ! La majesté du Pélican est tombée dans le Nil.

— Comment comprends-tu ces récits étranges ?

— L'oiseau tombe dans les eaux et s'y noie : c'est le dieu Osiris assassiné par son frère Seth. Celui-ci lui avait demandé, au cours d'un banquet, de s'étendre dans un cercueil afin de vérifier s'il était réellement aussi grand qu'on le prétendait. Osiris accepta. Dès qu'il fut allongé, Seth et ses acolytes verrouillèrent le couvercle et jetèrent le cercueil dans le Nil.

— Un Nil qui n'est pas le fleuve terrestre.

— Non, le fleuve qui donnait vie à l'Égypte et faisait fructifier sa terre n'était pas seulement un cours d'eau. Il reflétait le fleuve d'en haut, la Voie lactée. Ainsi, les Égyptiens possédaient, à portée de main, un réservoir d'énergie venant du ciel.

— D'après toi, jeter le Pélican dans les eaux revient à lancer Osiris prisonnier dans les cieux. Cette chute n'est pas une mort, mais un passage indispensable vers une régénération.

— Je me souviens d'un autre texte gravé sur les sarcophages du Moyen Empire égyptien. Le magicien s'identifie au Pélican qui vient nourrir sa couvée de sa propre chair. Ce qui est extraordinaire, c'est de trouver la même légende tant de siècles après, au Moyen Âge.

— Le temps et les profanes cherchent à faire disparaître la couvée du Pélican. On explique parfois qu'il est un oiseau indigne, massacrant sa propre descendance. Calomnie et mensonge ne peuvent rien contre la nature réelle du Pélican.

— Une nature royale ?

— Comment sais-tu cela ?

— Je connais un texte disant : « Le Pélican est la mère du Roi, et le Roi est son fils. » La mère du Roi, c'est la déesse du ciel qui met chaque jour au monde les étoiles. Lors de sa mort, Pharaon quitte la terre et devient, lui aussi, une étoile.

— L'homme royal est l'être en plénitude, recevant sa fonction de la Mère universelle, source de vie. Mais comment relies-tu entre elles toutes ces données ?

— Le Pélican est Osiris. Il est aussi le ciel, la mère du Roi. En plus, le nom égyptien du Pélican est le même que celui de l'Ennéade, le groupe des neuf grands dieux créateurs qui sont responsables de la destinée de l'univers. Quand le Pélican parle et prophétise, nous est-il dit, l'Unité apparaît, les frontières sont jointes ensemble, les rivages s'unissent. Il y a une autre scène extraordinaire qui est relatée dans les *Textes des Pyramides*. Après être parvenu à percevoir les secrets du Pélican, Pharaon chante sa joie. Il dit que les portes du ciel et de la terre sont ouvertes pour lui, que les verrous du Dieu-terre sont ouverts pour lui, que la voûte céleste est ouverte pour lui. Celui qui le gardait l'a délié, la bouche du Pélican s'est ouverte pour lui et l'a laissé sortir au jour pour aller en tout lieu où il désire aller.

— C'est un moment essentiel du rituel que tu évoques ainsi. Jusqu'à présent, le bâtisseur, dont l'aventure est identique à celle du pharaon, était conduit par un bras ami. Maintenant, par la vertu du Pélican, il acquiert une complète autonomie à l'intérieur du temple.

— Pourquoi certaines légendes parlent-elles du Pélican en termes péjoratifs ? On dit, par exemple, qu'il équivaut à l'insensé ou à l'imprudent. En effet, bien qu'il puisse déposer des œufs entiers dans des endroits assez élevés, comme les autres oiseaux, il n'en fait rien ; mais il creuse la terre et y dépose ses petits. Les chasseurs, sachant cela, placent du fumier desséché de bœuf et y mettent le feu. Lorsque le Pélican aperçoit la fumée, il veut éteindre le feu au moyen de ses ailes, mais il arrive au contraire à l'animer par ce mouvement, de manière qu'il a les ailes brûlées. Il devient alors une proie facile pour les chasseurs. C'est pour cette raison que les prêtres n'ont pas l'habitude d'en manger. Ils savent que le Pélican entreprend cette lutte pour ses petits. Mais les profanes en mangent, estimant que le Pélican combat d'une manière irréfléchie.

— Tu réponds toi-même à ta question. Les « prêtres » savent, les profanes jugent. Sache qu'on combat le Pélican parce que les mystères qu'il transmet suscitent chez certains une jalousie morbide. Dans la Bible, celui qui appelle Yahvé, au plus noir de sa détresse, se compare au Pélican du désert. Ses jours s'en vont en fumée, ses os brûlent comme un brasier, son cœur sèche, il n'a plus rien à manger. À force de crier sa plainte, sa peau s'est collée à ses os.

Faut-il passer par de telles douleurs, par un tel désespoir ?

— Les grands mystères n'admettent ni les lâches ni les peureux. Si tu passes par eux, demande la réponse au Pélican. Il est le seul à pouvoir te sortir de ta détresse. C'est lui, le Pélican, qui tue ses enfants, qui les pleure pendant trois jours avant de se blesser lui-même. Alors, il les vivifie en les aspergeant de son propre sang. Le Pélican agit ainsi parce que ses petits, envers lesquels il éprouve un immense amour, l'ont frappé à la face. Le Pélican ne supporte pas l'outrage. Il tue, et il fait revivre.

— Le roi David ne s'est-il pas comparé à un Pélican ?

— Toujours le thème royal. Dans les légendes, c'est tantôt le père Pélican, tantôt la mère qui verse son sang sur les petits pour les ressusciter. Toi-même, n'as-tu pas frappé et insulté le Créateur ?

— Je... dans quelles circonstances ?

— En adorant la créature au lieu du Créateur, en interrogeant la manifestation au lieu de t'adresser à la Cause. Souviens-toi de l'aventure du chevalier Bohor qui aperçut un oiseau blanc comme laine qui arrivait à tire-d'aile et se perchait sur un arbre. Là, l'oiseau, trouvant ses petits tout froids, morts dans leur nid, commença de mener grand deuil. Puis il se frappa la poitrine de son bec aigu et tranchant, si rudement que son sang jaillit. Les oiselets, baignés de sang chaud, reprirent vie, tandis que leur père expirait entre eux.

— Pourquoi le Père doit-il mourir pour que ses enfants vivent ?

— Thomas d'Aquin disait que le bon Pélican était le Seigneur Christ, lavant l'impureté par un sang dont une seule goutte pouvait sauver l'univers entier de tout péché. Tu es le fils de ce monde, tu portes ses blessures. Celui qui te conduira à l'initiation se doit de te donner son énergie. Le Pélican, figure du Christ et de la résurrection, symbolisait aussi la résurrection de Lazare. Notre Frère Dante avait entendu, comme chacun d'entre nous, les paroles de Béatrice qui lui parlait de Jean : « Voici venir celui qui se coucha sur le sein de notre Pélican qui, du haut de la croix, avait été choisi pour un office insigne. »

— Jean l'Évangéliste ! Vous y faites souvent allusion.

— Les deux Jean, le baptiste et l'évangéliste, sont deux aspects d'une même fonction. L'apôtre du Verbe n'est pas mis sans raison en rapport avec le Pélican. Tu sais qu'il servit de modèle aux Maîtres d'Œuvre.

— Et l'alchimie ? Ne parle-t-elle pas du Pélican ?

— Le Pélican est symbole de la pierre philosophale qui se multiplie en puisant sa force en elle-même, à l'instar de l'oiseau qui abreuve sa nichée de son propre sang. L'alchimie permet au bâtisseur de « multiplier » ses perceptions par l'offrande de ce qu'il possède de meilleur en lui.

— Mais ce sacrifice, que signifie-t-il réellement ? Parler de sacrifice, aujourd'hui, c'est presque provocant. Tout le monde veut prendre, acquérir, mais il est rare de rencontrer des êtres qui acceptent d'idée même d'un sacrifice.

— Pour le futur bâtisseur, tu t'en doutes, l'offrande de soi-même à une œuvre est le don le plus exaltant. En un instant, le sacrificateur rassemble les énergies dispersées.

— Pour moi, le fait de placer une victime sur l'autel, dans les anciennes religions, ne relevait pas d'un quelconque sadisme. On cherchait à sacraliser la matière. En Extrême-Orient, lorsque le fidèle déposait une fleur aux pieds d'une statue divine, il accomplissait un sacrifice. Ce n'est pas la fleur qui intéresse le dieu, mais son parfum, sa qualité impalpable et impondérable.

— Se sacrifier, en suivant l'exemple du Pélican, te replace dans l'unité de l'être. La fameuse « voie des œuvres » du christianisme médiéval, dégradée dans les « bonnes œuvres », consiste à tenter de rendre sacré ce que nous faisons, à « vivre dans le Père », selon la maxime hermétique.

— Le danger n'est-il pas de réduire le sacrifice à une scène de théâtre où l'âme se dessèche et se recroqueville ?

— C'est pourquoi le travail de nos pères et le nôtre aujourd'hui reposent sur une connaissance et une pratique des symboles. Plus l'homme vit cette connaissance, moins il est formaliste, plus il sacrifie en esprit. Mon ami Griaule, après de longs entretiens avec un sage africain du peuple Dogon, avait entendu ces paroles : « Les forces du sacrifice rentrent dans l'homme, passent et ressortent. » Il y a entre les hommes un échange continu, un mouvement incessant de flux invisibles. Et il est nécessaire qu'il en soit ainsi pour que dure l'ordre universel.

— Pour moi, se sacrifier n'est pas se mortifier mais vivre plus intensément.

— Le vrai sacrifice est un mouvement continuel des vies qui montent de la terre vers le ciel et descendent du ciel vers la terre.

— L'échelle de Jacob ?

— Oui, devant le patriarche émerveillé qui érige un autel, les anges parcourent sans cesse cette échelle dans l'un et l'autre sens.

— Que se passerait-il pour celui qui refuserait le sacrifice à ce stade de l'initiation ?

— Il abandonnerait son existence à la tempête des événements et perdrait les rênes de sa propre pensée. Les Anciens allaient très loin sur cette voie en affirmant qu'offrir un sacrifice, c'est naître vraiment. Celui qui ne sacrifie pas n'est pas encore né.

— Que trouve-t-on, à l'issue du sacrifice ?

— Celui qui attendrait des bénéfices personnels sur la voie de son initiation, qui rechercherait une gloire passagère ou des honneurs quelconques, trahirait l'esprit de sacrifice. Le Pélican ne redonne pas le souffle vital à ses petits pour recevoir des félicitations, mais afin de les faire renaître. Seules les actions qui ont pour noyau le sacrifice n'enchaînent pas. Le Pélican aime par amour de l'Amour, il crée par amour de la Création, sans nulle autre justification.

— Dans presque toutes les scènes, j'ai remarqué que les petits du Pélican sont au nombre de trois. Un nombre essentiel, dans la perspective initiatique ?

— Le Pélican est à ses trois petits ce que le Maître est aux trois vertus créatrices, la Foi, l'Espérance et la Charité. Elles sont les trois sommets du triangle sacré que l'on formait avec la corde d'arpenteur.

— Vous m'orientez ainsi vers la géométrie, la science noble par excellence. C'est elle qui permet de dresser les plans de la cathédrale. Or, la première figure géométrique est le triangle, l'espace du Trois.

— Le premier jaillissement créateur est ternaire. Les trois vertus sont les piliers de l'architecture sacrée et de l'architecture intérieure de chaque initié.

— Les mots, une fois de plus, me gênent. La Foi, par exemple...

— Deviens Pélican. Dans ta progression vers la connaissance, vis ce moment où tu ne cherches plus de réponses rationnelles à tes questions. Saisis, d'une manière vitale, ce qui est. Alors, tu vis la Foi initiatique. Ta Foi est une certitude que tu ne comprends pas et que tu ne comprendras jamais, car elle est intelligence du cœur, au-delà de toute compréhension mentale. C'est une fonction de la pensée que nos civilisations développent bien peu.

— Cette Foi, n'est-ce pas avant tout une fidélité ?

— Oui, si tu considères cette fidélité comme la mise en pratique du Verbe qui t'a été révélé. Le rayonnement qui te vient de la communauté ne t'appartient pas. Prends soin de le laisser passer à travers toi, sois-lui fidèle en ne lui opposant pas d'écran opaque.

— Vivre la Foi, c'est abolir la distance entre l'initié et la connaissance.

— C'est aussi reconnaître ton Frère et agir en sorte que ton Frère te reconnaisse. Dans toutes tes actions, apprends à ne jamais te satisfaire de rien, à ne t'arrêter à rien. Il n'y aura pour toi, dans ta vie initiatique, aucun arrêt d'aucune sorte. Il n'y en a jamais eu pour aucun initié, aussi loin qu'il ait poussé la perfection.

— Cette Foi initiatique est un dynamisme d'une incroyable puissance.

— Son secret, c'est la connaissance. Elle naît de la transmission qui s'effectue entre la confrérie des bâtisseurs et le postulant. Maître et disciple sont tous deux en toi. C'est par l'audition que tu accéderas à la Foi. Ton oreille sera le canal de ta vérité intérieure qui t'ouvrira aussi à la vérité d'autrui, à sa foi.

— Et l'Espérance ? Je la ressens comme une volonté de vivre, une certitude de l'amélioration toujours possible de la condition humaine.

— Ne confonds pas l'Espérance avec l'espoir. L'Espérance est un mouvement sans commencement ni fin, le « moteur » qui t'oblige à te renouveler sans cesse.

— N'a-t-on pas identifié l'Espérance au souffle de Dieu qui, quelles que soient les circonstances, passe à travers nous ?

— Un tel souffle nourrit ton intelligence du cœur. Point n'est besoin d'espérer pour entreprendre, ni de réussir pour préserver. Nos espoirs s'écroulent parfois, nos acquis et nos réussites sont mis en pièces. Peu importe. L'Espérance est l'ouverture des portes les plus fermées. Le temps est venu où les hommes qui se consacrent à la vie de l'esprit sont reniés, jugés comme inutiles, secondaires. Nous subissons cette époque. Mais nous avons également la chance de la vivre au moment où l'esprit renaît, modelé par l'Espérance.

— Pourquoi l'amour du sacré ne serait-il pas toujours présent en nous, quelle que soit l'époque ?

— Le feu de cet amour est Espérance. Le bâtisseur initié se conforme à la volonté créatrice en la laissant passer à travers lui.

— Au fond, celui qui manque d'Espérance ne perçoit pas la nécessité de son accomplissement initiatique.

— À ceux qui s'accompliront par l'initiation, à ceux dont l'Espérance est la loi et l'intelligence, à ceux-là apparaîtront des merveilles. Ils verront un monde maintenant invisible, ils verront un temps qui leur est encore caché, un temps qui ne les fera pas vieillir.

— L'Espérance s'ouvre sur la Charité ?

— Nous voilà donc revenus à ce mot étrange. Il fallait tout ce long cheminement pour percevoir ce qu'est la Charité initiatique, l'une des notions les plus déformées, les plus abâtardies au cours des siècles.

— À peu de choses près, le terme ne désigne plus, de nos jours, que des activités de bienfaisance.

— Quand il est demandé à l'initié : « Ne refuse pas ta main à l'inconnu qui vient vers toi dans une misère mortelle », ce n'est pas une simple bienfaisance qui est mise en cause. Connais-tu le sens premier du terme « charité » ?

— Je crois que le mot vient du latin *carus*, « cher, de haut prix, à qui l'on attribue une grande valeur ». Le terme latin dérive lui-même du grec *agapê*, c'est-à-dire l'amour fraternel, l'amour divin. Les premiers chrétiens nommaient « agapes » leurs banquets rituels.

— Les banquets initiatiques d'aujourd'hui sont toujours des agapes. C'est l'un des moments les plus importants du cheminement initiatique. Pour participer au banquet, libère-toi des richesses mal acquises qui enchaînent leur possesseur. Prépare-toi à la « bienfaisance » du banquet, au Bien Faire.

— Lors du banquet, la Charité règne sur les Frères réunis. Partagent-ils aussi leurs acquisitions initiatiques, leurs progrès sur la voie ?

— En offrant notre feu intérieur au feu intérieur d'autrui, nous faisons un véritable don.

— Pourquoi, au Moyen Âge, disait-on que la Charité était la vertu suprême ?

— Parce qu'elle permettait au bâtisseur d'entrevoir l'ampleur de la Maîtrise future, de vivre les paroles de Maître Eckhart : « Tu ne dois rien désirer en échange de tes œuvres ; si tu agis ainsi, tes œuvres seront spirituelles. Celui qui ne se cherche pas lui-même, qui ne cherche quoi que ce soit, mais ne songe qu'à l'accomplissement de l'Œuvre et à la gloire de l'Œuvre, celui-là est en vérité entièrement disponible et libéré de tout mercantilisme dans ses œuvres, il ne cherche plus, si peu que ce soit, son intérêt propre. »

— Cette Charité n'a-t-elle aucun rapport avec la pauvreté ?

— Dieu va vers le pauvre en initiation et en esprit, celui qui ressent tellement sa misère qu'il appelle la Connaissance de toutes ses forces.

— La Charité est le signe d'une conversion vers la lumière ?

— Elle est la loi du Maître. C'est la Charité qui maintient la confrérie dans l'unité. Lorsque le soleil se couche à l'occident dans un flamboiement de couleurs, quand il baigne de ses rayons les murs du temple, de la cathédrale ou du monastère, le divin se manifeste dans la joie sereine des hommes attentifs à sa présence charitable.

— Trois vertus, la Foi, l'Espérance, la Charité… toujours le Trois. Pourquoi la présence continuelle de ce nombre tout au long du chemin ?

— Trois contient toutes les dimensions possibles du cosmos.

— Dans la langue hiéroglyphique, trois est le symbole de la multitude infinie des êtres et des choses, rassemblés dans une cohérence. Si l'on veut dire, par exemple, qu'un personnage a l'ensemble des qualités nécessaires à un travail, on lui en attribue trois. Si l'on veut représenter la totalité des races de poissons, on en dessine trois.

— Lorsque Dieu crée chaque jour le ciel et la terre, dit Pierre Delœuvre, il fait trois pas.

— Trois pas que l'initié doit accomplir, lui aussi ?

— La première surface de l'initiation est définie par trois côtés. Nous ne pouvons comprendre l'unité que par cette surface composée de trois éléments.

— Plutarque parlait du triangle créateur, à l'origine de la vie. Il était formé d'Osiris, la verticale qui vaut Trois, d'Isis, la base qui vaut Quatre, et d'Horus, l'hypoténuse qui vaut Cinq.

— Dieu est Un en trois. Trois est partout pour qui sait voir.

— La fameuse trinité Père, Mère, Fils n'est pas due au christianisme, à mon avis. Pour les Égyptiens, Shou, le dieu de l'air, est le premier principe qui donne la vie ; son épouse, Tefnout, déesse de l'humidité, le reçoit et fait verdir la nature. Osiris, en tant que dieu fils, a pour mission de sauver les hommes par sa passion.

— Le Pélican et ses petits symbolisent l'Unité divine qui donne naissance au Trois.

— L'œuf même du Pélican n'a-t-il pas son importance ?

— Sur certaines mosaïques, comme celle de Trèves, les artisans ont représenté un autel sur lequel est posé un œuf contenant des trijumeaux, l'exaltation alchimique du Trois. Cela correspond à la triple action du Maître d'Œuvre qui doit concevoir le plan du temple, diriger les œuvrants et participer en personne à la construction.

— L'initié apprend peu à peu à pratiquer une pensée « ternaire » ?

— Exerce cette pensée dans n'importe quel domaine de l'activité humaine. Les anciens sages aimaient adopter des formules ternaires pour transmettre leur expérience. Te souviens-tu des paroles de Lao-tseu donnant les principes de la création et du travail ?

« Créer sans posséder,
Travailler sans retenir,
Produire sans dominer. »

— Au Moyen Âge, on estimait le monde maintenu par trois forces. La première est celle qui conçoit, la deuxième celle qui contemple, la troisième celle qui aime.

— Ce sont bien les trois forces qui soutiennent une communauté initiatique, dit Pierre Delœuvre. Le bâtisseur prend, au même instant, trois positions : il se place par la pensée au-dessus des phénomènes ; par son humanité, il se place dans le devenir ; enfin, par ses œuvres, il se place comme « produit » final de la création. Mais il est temps, pour toi, de passer par l'épreuve du Feu.

24e degré

Le Phénix ou le Feu éternel

— Le Phénix est indissociable du Pélican, me dit Pierre Delœuvre. Il représente une nouvelle étape essentielle.

— J'ai rencontré le Phénix en Égypte, en Grèce, au Moyen Âge, en Islam, même en Chine.

— Quelle est la légende du Phénix, en Égypte ?

— Au moment où le Nil inondait la terre d'Égypte, on voyait un merveilleux oiseau à la tête ornée d'une aigrette. Au lever du soleil, il s'élevait hors des eaux primordiales, comme il l'avait fait au premier matin du monde. Sa ville d'élection était la Cité-du-Pilier, celle que les Grecs nommèrent Héliopolis, « la cité du Soleil », et que la Bible connaît sous le nom de On. Là, il se posait soit sur l'arbre sacré, un saule, soit sur la première pierre de la création. Le Phénix apportait la joie. Partout, on criait : « Le Phénix est revenu ! » Avec lui, c'était le rayonnement du soleil qui prenait la forme d'un oiseau. On disait aussi que le Phénix se créait de lui-même dans l'Océan primordial.

— Le Phénix n'est-il pas un guide ?

— Si, car il ouvre un nouveau chemin dans le ciel, répondis-je. Dans le *Livre des morts*, l'initié demande aux étoiles de lui frayer la voie car, après être entré sous la forme d'un faucon dans les demeures souterraines, il en est sorti en Phénix.

— La pierre mystérieuse du Phénix est la pierre angulaire du temple, dit Pierre Delœuvre. En devenant Phénix, tu apprendras à la reconnaître. Tu pourras remplir consciemment ton rôle de bâtisseur, ne plus confondre les blocs mal équarris avec la pierre de Lumière.

— Le Phénix parlait aux sages. Lorsqu'ils entendaient sa voix, ils savaient que la régénération des êtres approchait.

— Nous devons tout mettre en œuvre pour que le Phénix apparaisse, pour qu'il nous parle. Quand il sent la mort approcher, le Phénix se construit une demeure avec de l'encens, de la myrrhe et d'autres parfums rares. Lorsque le temps est venu, il y entre. Puis il l'emporte avec lui, part d'Arabie et va en Égypte. À midi, quand tous le voient, il place sa demeure sur l'autel du Soleil. Il ôte ses plumes, allume un feu et s'offre lui-même en sacrifice. Lorsqu'il a été brûlé, réduit en cendres et anéanti, de ses cendres se forme une sorte de ver. Ce dernier croît peu à peu, acquiert des ailes et devient un phénix.

— D'après Pline, il n'y a qu'un seul phénix dans le monde. Je crois qu'il rappelle les mêmes faits. Vieillissant, le Phénix se construit un nid avec des branches de cannelle et d'encens. Il le remplit de parfums et meurt dessus. De ses os et de sa moelle naît d'abord une sorte de vermisseau qui devient un jeune oiseau. D'abord, il rend honneur à son prédécesseur, puis porte le nid dans la ville du soleil et le dépose sur un autel.

— Les chrétiens eux-mêmes ont été frappés par ces étranges phénomènes. Clément de Rome relate les mêmes événements. Lui aussi s'étonne que la chair en putréfaction du Phénix soit un milieu de création. Le ver se nourrit de la décomposition de l'oiseau mort, puis se couvre de plumes avant de soulever le cercueil où reposent les os de son ancêtre. Il s'envole vers l'orient où, en plein jour, il dépose le cercueil du Phénix primordial sur l'autel du Soleil.

— Dans le grand poème symbolique qu'a transmis l'écrivain Lactance, il est dit que, dans un lieu bienheureux de l'Orient, où s'ouvre la porte du ciel éternel, coule une source abondante qui irrigue douze fois l'an toute la forêt environnante. C'est là qu'habite le Phénix, prêtre des forêts et seul initié aux mystères du soleil, le seul être qui survit après avoir été régénéré par la mort. De son chant merveilleux, il marque les heures. À l'âge de mille ans, il abandonne ces lieux sacrés et, par des déserts inaccessibles, gagne un bois secret où il choisit un haut palmier.

« Il construit son nid, car c'est pour vivre qu'il meurt en se créant lui-même. Après avoir amassé des parfums, il se couche dans son tombeau. Sa propre chaleur intérieure engendre une flamme qui le consume. Des cendres surgit un ver qui se contracte sous la forme d'un œuf poli. Le nouveau Phénix boit une rosée d'ambroisie et recompose ce qui reste de son propre corps. Le Phénix est son propre fils, son père, son héritier. Lui-même est autre que lui-même. L'autel sacré où le Phénix construisait son nid était probablement un obélisque sur lequel reposait l'âme du soleil. La tradition fut perpétuée, puisque le roi Alexandre verra le Phénix se manifester au-dessus de l'arbre-croix.

— On parlait aussi du palmier. Sais-tu que l'oiseau Phénix et le palmier portent le même nom, dans la langue grecque ? Nos Frères esséniens vivaient dans la « société des palmiers » dont le sens secret était « communauté des Phénix ». Dans notre initiation, cette communauté est celle des bâtisseurs qui ont accédé au grade de « Phénix » où tu te trouves à présent.

— Pourquoi le Phénix annonce-t-il un nouvel âge d'or, sinon pour signifier un tel instant ?

— À l'instant où meurt l'année qui renaît aussitôt, tout se renouvelle, un temps d'or paraît. Le Phénix vit aussi longtemps que les étoiles, il franchit les siècles en renaissant toujours. Je crois que c'est cela, l'âge d'or : la faculté de renaître.

— Mais le Phénix ne se montre qu'en de rares occasions ! Par exemple, lorsque le feu descendit du ciel et consuma le sacrifice d'Abel, il embrasa également le Phénix qui, trois jours plus tard, naquit à nouveau. Lors de la sortie d'Égypte, il se dressa sur le temple d'Héliopolis. Et il se brûla lui-même sur le temple de Jérusalem lors de la naissance du Christ.

— Événements rares, mais essentiels. Le Phénix est le témoin du feu, le témoin des événements spirituels qui marquèrent le destin de l'humanité et, par conséquent, celui de chacun d'entre nous.

— Le Phénix ne nous offre-t-il pas une solution au problème de la mort ?

— Tant que l'homme n'envisage que sa disparition corporelle, il reste à l'extérieur du temple. En devenant Phénix, il est capable d'y pénétrer et de participer aux rites de résurrection.

— Mourir et renaître : c'est bien cela, le secret du Phénix ?

— Le Phénix n'étant jamais né, il ne meurt jamais. Tous les êtres de l'univers peuvent le percevoir.

— Chaque homme, par conséquent, peut vivre une telle initiation ?

— À condition qu'il accepte la rencontre avec le Phénix, malgré les flammes qui l'environnent. Lors de l'épreuve du feu, les bâtisseurs apprennent au nouvel initié que l'ensemble des créatures passées, présentes et à venir est virtuellement en lui. Tu pourras connaître la totalité de l'aventure humaine si tu meurs à ton « moi » pour naître à l'Homme véritable.

— Le Phénix nouveau-né et son « père » ne sont-ils pas un seul et même être ?

— Dans certains rituels initiatiques, on précise que le premier soin du nouveau Phénix est de rendre à son père les usages funèbres. Il se charge de son corps et l'offre à la lumière. Cela illustre clairement la transmission de l'esprit entre la confrérie des bâtisseurs et le nouvel adepte, identifié au Phénix qui disparaît et resurgit. On lui adresse ces paroles : « Ta vieillesse périt, et toi tu restes. Tes yeux ont vu tout ce qui a été, tous les temps ont tes regards pour témoin. »

— Mais ce Phénix a une naissance incroyable ! Il ne provient pas d'un germe conçu dans le sein d'une mère. Il est à la fois son propre père et son fils. Sans être engendré par un autre, il se régénère par sa mort même.

— Le Phénix possède une qualité secrète. Il est androgyne. Mais il ne s'agit plus d'un androgynat de chair. Le Phénix n'est ni père ni mère en ce monde, parce qu'il est Père et Mère en création.

— Dans la Genèse, Dieu ne crée-t-il pas l'Homme mâle et femelle, avant de le diviser en « homme » et « femme », en Adam et Ève ?

— Certes, et Hermès Trismégiste ne parle pas autrement, quand il nous apprend que l'intelligence vraie est mâle et femelle.

— Il me semble aussi que le Phénix a la maîtrise du temps. Il tient en compte tout ce qui existe, c'est-à-dire l'éternité et la perpétuité. L'éternité est le jour, la perpétuité est la nuit. Pour l'Égypte, il y avait deux formes d'éternité : la première masculine et diurne, la seconde féminine et nocturne. Elles s'unissent dans le Phénix.

— Inséparable de l'arbre de vie, le Phénix est l'âme de lumière qui éclaire les ténèbres. C'est pourquoi l'homme qui en prend conscience se rend lumineux lui-même, sans concours extérieur. Ses yeux sont radieux d'une lueur secrète, un éclat enflammé entoure sa tête, sa clarté fend la nuit.

— N'y a-t-il pas parfois de la sagesse dans les mots eux-mêmes ? Je pense au grec *phoinix* qui a les sens de « pourpre », « rouge tendant vers l'or », « luminosité intense » qui s'appliquent parfaitement aux couleurs symboliques de l'oiseau.

— Oui, chaque matin, le Phénix accompagne le soleil dans sa course, pour l'empêcher de brûler notre terre par un rayonnement trop ardent. Il tempère sa chaleur et la répartit selon les besoins de chaque région.

— C'est grâce au feu, n'est-ce pas, que le Phénix est capable d'accomplir ses transformations ?

— C'est le Feu qui est son véritable père. Dans une apocalypse, un ange fait lire au prophète Baruch des lettres d'or gigantesques gravées sur l'aile droite du Phénix. Elles composent cette phrase : « Ni la terre ne m'engendre, ni le ciel ; ce sont les ailes du feu qui m'engendrent. »

— À quoi correspond cette flamme mystérieuse qui a plus de pouvoirs que le ciel et la terre ?

— Un Frère alchimiste, Michel Maier, a beaucoup parlé du Phénix et de son Feu. Il a psalmodié son secret en des paroles que je me dois de te transmettre : « Je vais chanter la nature et les propriétés du Feu qui sert au Phénix de bûcher et de berceau, où il reprend une nouvelle vie. Prêtez-moi une favorable attention et faites silence. Ce feu n'est ni celui que renferme l'Etna dans ses gouffres profonds, ni celui que nourrissent les fournaises ardentes du Vésuve, ou celui que vomit le mont Hécla… le principe de notre Feu est tout différent. Il tire son origine d'une montagne, la plus élevée qui soit sur la terre, et qui ne produit que des fleurs, du cinnamome, du safran et autres herbes odoriférantes. Ce Feu est la source de toute la lumière, qui éclaire ce vaste univers. C'est lui qui donne la chaleur et la vie à tous les êtres ; c'est une flamme dont les ardeurs brillent sans jamais consumer. C'est ce Feu qui sert à former le bûcher où notre oiseau, qui lui-même l'a préparé, va chercher sa fin et sa mort. Ô que ce Feu sacré est tenu soigneusement caché ! Ô que cette merveilleuse flamme est bien connue des sages ! Quand on l'ignore, on ignore tout. Vous qui souhaitez puiser aux sources fécondes de la science, ne permettez pas que ce Feu sacré soit manifesté. »

— À moi de ne pas confondre le feu apparent, matériel, avec le feu spirituel et caché ; c'est lui, n'est-ce pas, qui permet d'accomplir l'Œuvre ?

— On ne peut ni le nommer ni le voir, mais il est partout. Comprendre la nature de ce Feu, c'est ressentir la manière dont les intelligences divines créent le monde.

— Je perçois mieux pourquoi le Christ jugea nécessaire de brûler le monde pour le purifier de ses scories et nous révéler sa beauté.

— Selon Thomas, le patron des architectes, Jésus a dit : « J'ai jeté un feu sur le monde, et voici que je le garde jusqu'à ce qu'il brûle. Celui qui est près de moi est près du feu ; et celui qui est loin de moi est loin du royaume. » Ce royaume qui est la confrérie initiatique vers laquelle nous conduisent les épreuves.

— Le Feu secret est-il celui qui maintient l'univers en équilibre, fait pousser les plantes et naître les hommes ?

— Il est aussi le témoin divin en nous.

— Les initiés seraient donc des « martyrs », des témoins ?

— Oui, si tu donnes bien au mot martyr ce sens premier de témoin. La flamme de ces martyrs-là ne les détruit pas, mais les rajeunit. Elle est une échelle vers le ciel.

— Comment le Maître d'Œuvre utilise-t-il le Feu ?

— Il recrée les épures grâce auxquelles les forces célestes construisent la cathédrale de l'univers. Le Feu produit les « qualités ». Le Feu qui brille au plus profond de notre conscience détermine nos qualités propres.

— Parce qu'il organise notre monde intérieur, parce qu'il jette de la lumière dans les zones d'ombre que la raison ne peut atteindre ?

— D'un jaillissement, le Feu du Phénix te ramène dans l'unité de l'esprit. C'est du ventre du Feu que sortent les initiés en qui l'esprit, l'âme et le corps ne sont plus divisés. Aussi les bâtisseurs révèlent-ils pendant le rituel : « Devenir Feu ne se peut sans résistance, peine, agitation dans le temps ; mais être Feu est une joie intemporelle qui échappe à toute détermination du temps. »

— J'ai remarqué, à la Chartreuse de Dijon, que le lutrin était une colonne dont le Phénix orne le sommet. Il règne sur les Quatre Évangélistes !

— Le Phénix est le cinquième terme, la célèbre Quinte-Essence dont parlent Rabelais et les alchimistes. Le bâtisseur devenu Phénix reçoit du Maître d'Œuvre la signification de sa transformation : « Quand tu as vu le feu sacré briller sans forme, en bondissant dans les abîmes du monde entier, écoute la voix du feu. » Es-tu prêt à passer par le Feu ?

— Je m'en remets à vous. Pour ma part, je crois être prêt à tenter l'aventure.

— Comprends que ce passage est une transmutation. Après elle, tu ne seras plus le même homme, tout en devenant le « Même » par excellence, celui qui reconnaît l'identité profonde qui unit toutes choses. Mais cette transmutation serait inutile si tu ne parvenais pas à découvrir le regard de l'Aigle.

25e degré

L'Aigle ou la royauté céleste

— Avec la régénération par le Feu, me dit Pierre Delœuvre, tu aurais pu croire que tu étais parvenu au terme du chemin. Mais il te reste de difficiles étapes à parcourir. Celle dont l'Aigle est le maître est particulièrement ardue. Avec lui s'achève la trinité des oiseaux symboliques : Pélican, Phénix, Aigle. L'Aigle occupe le sommet du triangle lumineux dont les bases sont occupées par les deux premiers.

— Comment devenir Aigle ?

— L'Aigle correspond au moment du rituel où le Maître d'Œuvre qui dirige la cérémonie révèle la lumière au postulant. Il est temps de rassembler tes forces, de scruter ta vie et ton esprit pour que l'Aigle t'apparaisse.

— À mon sens, l'Aigle du Moyen Âge n'est autre que le faucon Horus des Égyptiens.

— N'existe-t-il qu'un seul Horus ?

— Non, il y a trois Horus : un grand oiseau primordial né au début des temps, un Horus royal représenté par Pharaon, et l'enfant Horus, fils d'Isis et d'Osiris, que les Grecs nommèrent Harpocrate.

— Quelle était la fonction du grand oiseau primordial ?

— Il couvrait de ses ailes le monde entier. Sa taille se mesurait en milliers de coudées. On disait de lui qu'il était un sage, un protecteur, un père, un frère. C'est lui qui gouvernait l'Égypte, les dieux étaient à son service. Avec son œil, il nourrissait les multitudes.

— C'est dans Pharaon que s'incarnait l'Horus primordial ?

— Pharaon doit prolonger sur terre l'activité céleste d'Horus. C'est pourquoi il construit les temples.

— Et le troisième, le petit Horus ?

— D'après Plutarque, il symbolise les incessants renouvellements de la vie, tout ce qui est perpétuellement rajeuni. Son existence est miraculeuse, puisqu'il naquit d'Osiris mort. Isis rassembla les morceaux épars du corps de son mari et, prenant la forme d'un oiseau, se fit féconder par Osiris remembré, mais non réanimé.

— Le troisième Horus n'eut-il pas une fonction de guerrier après sa naissance ? demanda Pierre Delœuvre.

— Oui, car le premier rôle de l'enfant Horus fut de combattre le meurtrier de son père, Seth, force vitale indomptée. Le félon tente de discréditer Horus aux yeux de la cour divine en le calomniant. Il ne serait qu'un bâtard ! Mais le jeune Horus, avec l'aide de Thot, plaide sa cause et emporte l'assentiment général. Selon Plutarque, le petit Horus est la nature. Seth l'accuse de bâtardise, parce qu'elle fait partie du monde matériel, alors que son père, Osiris, était un dieu immatériel. Mais l'intelligence, symbolisée par Thot, démontre l'erreur de cette théorie. La nature, en fait, reproduit l'univers divin et nous le fait connaître.

— Aussi l'enfant Horus est-il identique à l'initié qui renaît dans une confrérie de bâtisseurs. Sans la présence de Pharaon et du Maître d'Œuvre, nous serions ignorants de l'existence du grand faucon qui maintient notre terre en harmonie. Nous ne pourrions pas vivre la lumière.

— Comme l'Aigle du Moyen Âge, dis-je, le roi d'Égypte regarde le Soleil en face grâce à son troisième œil, le serpent de feu qui sort de son front et brûle tous les obstacles qui s'opposent à sa vision.

— Dans le cycle de la Table ronde, le chevalier Galaad est l'exact correspondant de l'Horus-roi ; il parvient à découvrir le Graal parce qu'il a rassemblé en lui les qualités d'Artus le souverain, de Merlin le sage et de ses frères chevaliers. Mais sais-tu où naît le faucon céleste ?

— Le faucon céleste est né à l'Orient, dans une région d'intense lumière. Lorsque l'initié du *Livre des morts* le rencontre, il proclame : « Je vis de la vérité, je suis celui qui existe par elle. Je suis Horus qui habite les cœurs, l'être intime qui habite les corps. »

— Horus, parcelle divine en nous, renaît sans cesse en compagnie du Soleil. Pharaon est lumière de son peuple, à l'image du faucon, lumière des dieux.

— C'est d'ailleurs le faucon qui sacre le roi en plaçant sur sa tête la couronne rayonnante.

— Ce message a traversé les siècles, même s'il a changé de forme. Le faucon des Égyptiens n'est pas passé tel quel dans le monde des bâtisseurs de cathédrales. Peu à peu, il s'est transformé en aigle. Je me souviens d'un chapiteau copte d'Antinoë conservé au musée de Genève où l'on voit un faucon-aigle entre deux béliers. Je crois que c'est Horus qui continue à vivre sous la forme de l'Aigle.

— Cet Aigle qui montait au plus haut des cieux s'immobilisait à la verticale de Delphes, considéré comme centre de l'univers.

— N'avait-il pas maîtrisé le feu du ciel ? Dans les légendes grecques, on dit que l'Aigle déposait chaque jour du nectar sur des rochers, pour nourrir le maître de l'Olympe, Zeus.

— Rien n'a changé, dit Pierre Delœuvre. Alimenter les bâtisseurs est toujours le devoir de l'Aigle.

— Est-il aussi un messager ? L'histoire de Cendrillon, que chacun connaît, est une formulation d'un mythe ancien où le faucon-aigle enleva un des souliers d'une noble dame, Rhodopis, alors qu'elle était au bain. Il porta l'objet à Memphis, antique capitale de l'Égypte, et le fit tomber devant le roi qui rendait la justice ; celui-ci fit rechercher la propriétaire du soulier. Charmé par sa beauté, il l'épousa.

— En apportant au roi son complément indispensable, l'Aigle met en œuvre le mariage sacré où s'unissent les principes actif et réceptif.

— Les Celtes ne disaient-ils pas que l'Aigle est le plus vieil animal du monde ?

— C'est un merle qui divulga ce mystère à deux voyageurs. Quand ils réussirent à le rencontrer, l'Aigle leur révéla qu'il était installé au sommet d'une roche d'où il becquetait les astres chaque soir.

— L'Aigle serait-il l'ancêtre par excellence, directement en contact avec l'univers ?

— L'Aigle possède l'énergie de l'origine du monde. C'est pourquoi il provoque la peur chez ceux qui ne sont pas préparés à l'accueillir. Ils courent en tous sens lorsqu'il descend du ciel, sans aucun espoir de lui échapper.

— Est-il donc si cruel ?

— Une certaine tradition chrétienne, effrayée par l'initiation, fait de l'Aigle un démon ravisseur d'âmes, un oiseau immonde. Rapace sans pitié, il serait un tyran redoutable.

— Pourquoi dépeindre ainsi un état spirituel, un stade de l'initiation dont vous avez souligné l'importance ?

— C'est une manière habituelle, mille fois employée, de rejeter l'initiation dans l'ombre.

— Même au sein du christianisme, il y a eu d'autres courants de pensée. Bien souvent, vous avez fait appel à des témoignages qui prouvent la présence du monde initiatique à l'intérieur du christianisme.

— Certes, un chrétien comme Ambroise indique que l'Aigle est le roi des âmes pures qui monte vers le ciel de la connaissance. Il va jusqu'à faire de l'Aigle le Sauveur qui nous détache de la matérialité. Lorsqu'il voit un poisson nageant à fleur d'eau, il fond sur lui et le saisit. C'est encore le Sauveur-Aigle, en tant que pêcheur d'hommes.

— Dans le récit de la Descente aux enfers du Christ, ce dernier libère Lazare qui prend la forme d'un Aigle !

— Oui, les démons ont tremblé, ne parvenant pas à retenir Lazare qui leur a échappé grâce à la vitesse de l'Aigle. Lazare-Aigle est l'homme qui a vu la lumière ; le prince des ténèbres qui, d'ordinaire, inverse les paroles de vérité, ne peut plus rien faire contre lui.

— Quand le mort égyptien sortait de la tombe, il devenait faucon pour gagner le ciel.

— C'est l'une des fonctions majeures de l'Aigle que de connaître la route du paradis. Il y remplit ses ailes de parfums et les transmet aux initiés.

— Offrir le parfum, c'est trouver l'aspect subtil de toute chose, offrir ce qui est impalpable, non corporel, le vivre en nous.

— Si tu le veux, nomme cela la grâce. Le lutrin, ce pupitre élevé sur lequel on plaçait les livres de plain-chant, avait souvent la forme d'un aigle aux ailes éployées. De là vient l'expression « chanter à l'aigle », c'est-à-dire s'exprimer selon le Verbe. Dans les grandes cérémonies, les prêtres s'agenouillaient à l'aigle, rendant hommage au principe qui les créait.

— C'était alors toute la communauté qui bénéficiait de la grâce de l'Aigle. Et lui qui portait l'âme des rois de la terre vers le ciel, n'est-il pas aussi un porteur de feu ?

— Dans le christianisme primitif, avant les déviations dogmatiques, on appelle précisément « aigles » les nouveaux baptisés qui, par leur connaissance des mystères, font désormais partie de la communauté. « Aigle » est un terme qui désigne ceux qui accèdent à la communion céleste, revêtus de leur corps de lumière.

— Le langage populaire n'a pas complètement tort quand il emploie l'expression « se prendre pour un aigle » !

— Il est d'autant plus sage que, si tu te prends toi-même pour un aigle, tu tomberas du haut du ciel et ta chute sera mortelle. Seuls tes Frères en initiation peuvent reconnaître que tu as atteint cette étape sur le chemin, non pour t'en féliciter, mais pour te demander d'aller plus loin.

— N'y a-t-il pas une solitude de l'Aigle, dans sa royauté ?

— Il est vrai, admit Pierre Delœuvre, que celui qui parvient à ce degré de l'initiation connaît une certaine solitude face au Principe. Il ne cherche plus de prétextes ou d'excuses, sachant que lui seul doit réaliser sa fonction d'homme médiateur entre le ciel et la terre.

— Solitude est-il vraiment le terme exact ?

— Non, unicité conviendrait mieux. Ne confonds pas l'unicité du bâtisseur avec un isolement affectif. L'initié est seul ou, plus exactement, unique car aucun homme n'évolue à la place d'un autre. Chacun de nous possède un « Nombre » immortel qui le caractérise.

— La réalisation de mon Nombre me permettra-t-elle de regarder le Soleil en face, comme l'Aigle ?

— Regarde la sculpture. L'imagier nous montre l'Aigle en majesté, les yeux tournés vers les rayons de l'astre. De tous les animaux, l'Aigle est celui qui vole le plus haut et le seul qui ose plonger son regard dans le soleil.

— N'est-ce pas grâce à l'Aigle que Jean a pu percevoir le Verbe ?

— Jean a prononcé ces paroles : « Vois l'Aigle : il vole plus haut que tous les oiseaux, il regarde fixement le Soleil et cependant, par la nécessité de sa nature, il descend sur la terre. Ainsi l'esprit de l'homme, qui se relâche un peu de la contemplation, se porte avec plus d'ardeur vers les choses célestes, en renouvelant souvent ses essais. »

— Autrement dit, l'état « Aigle » n'est jamais définitif ?

— Ne recule pas devant le Soleil de l'Aigle. Demande-lui l'intuition, la faculté qui permet de pénétrer dans les choses, de vivre dans les êtres, de penser dans la pensée créatrice. L'Aigle est soucieux de la justesse de toutes choses, c'est lui qui inspire les adeptes dans leurs pèlerinages vers la lumière.

— Je pense que c'est lui, déjà, qui se plaçait derrière la nuque de Pharaon pour lui insuffler de l'énergie.

— L'Aigle révèle le message sacré. Il a parlé à Pythagore des secrets de l'univers, il a dicté à Jean l'Évangile du Verbe.

— Pourrai-je, à mon tour, entendre la voix de l'Aigle ?

— Si tu parviens à te rajeunir comme lui. Quand l'Aigle devient vieux, ses ailes s'alourdissent, sa vue s'obscurcit. Alors, planant dans les airs, il cherche des fontaines et des fleuves. Bientôt, la chaleur du soleil échauffe ses ailes et ses yeux s'éclairent. Descendant près d'une source, il s'y baigne trois fois. Rajeunissant, il devient à nouveau aiglon. Et toi aussi tu rajeuniras, à condition que tu portes en toi l'initiation vécue. Si tes yeux s'obscurcissent, cherche la source de l'Aigle.

— L'Aigle ne se rajeunit-il pas aussi par le feu, avant d'indiquer l'emplacement de la source de vie ?

— Quand le vieil Aigle se trouve près du Soleil, il embrase ses plumes. Le feu consume ce qu'elles avaient de trop épais et de trop lourd, et lui rend même l'ancienne acuité de son regard. Après quoi il se précipite dans une fontaine et redevient aussitôt plein de jeunesse et de vigueur. La vieillesse avait arrondi son bec, à peine capable de saisir sa nourriture ; il parvient à lui redonner sa force en le frottant contre les pierres et les rochers.

— Ces pierres, ces rochers, n'est-ce pas la carrière où les bâtisseurs vont chercher leur matière première pour construire l'édifice ?

— C'est en participant à l'œuvre qui s'accomplit sur le chantier que, peu à peu, tu ressentiras le regard de l'Aigle.

— N'est-il pas aussi l'œil d'Horus ? De cet œil du faucon, on tirait les nombres, les poids, les mesures.

— Oui, car le monde émane de l'œil de l'oiseau royal et le monde s'y résorbe.

— Selon vous, la vie initiatique n'est pas l'acquisition d'un savoir quelconque, mais un changement de regard ?

— Connais-tu la pierre de l'Aigle ?

— Celle qu'on nomme aétite, la pierre dont parlent les anciens naturalistes ? Ils disaient que l'Aigle s'en sert pour construire son aire.

— C'est une pierre bien étrange. Elle présente une sorte de grossesse ; quand on la secoue, on entend résonner dans l'intérieur une autre pierre, comme dans un utérus minéral. Mais elle n'a de vertu que si tu la prends dans le nid de l'Aigle.

— L'aire de l'Aigle, n'est-ce pas le temple lui-même ?

— «Toi aussi, a dit le Christ à Thomas, architecte en Orient, ta foi deviendra un aigle de lumière planant au-dessus de toutes les contrées. » Comme tu le vois, l'Aigle est symbole du Maître d'Œuvre.

— N'est-il pas impitoyable avec les novices ? La légende affirme que l'Aigle expose ses petits aux rayons du Soleil pour s'assurer de la qualité de leur race. S'ils ne supportent pas le feu céleste, il les précipite dans le vide.

— Le Maître d'Œuvre a le devoir d'éprouver les constructeurs, de vérifier sans cesse leur qualité. S'ils ne sont pas dignes de participer à l'édification de la cathédrale, il les renvoie à la vie profane. Cette attitude peut paraître choquante à une mentalité égalitariste, la plus fausse et la plus hypocrite qui soit. Je ne te dis pas cela par hasard. Près de l'Aigle, il y a le premier Lion. Souhaitons que le regard du roi des cieux te permette d'affronter victorieusement celui du fauve.

26e degré

Le premier Lion ou la royauté terrestre

— Dois-je redouter quelque chose de ce Lion ?

— Il existe une figure médiévale représentant un roi qui tient un aigle à la main et chevauche un lion. C'est, disent les moralistes, l'allégorie de l'orgueil, confondu avec la vanité.

— C'est cela, le danger ? Mais cette vanité, ne l'avons-nous pas vaincue pendant les épreuves qui précédaient la découverte de l'Arbre sec ?

— La vanité est ici d'une autre nature. Elle entraîne le bâtisseur à se servir pour son bénéfice personnel des trésors découverts pendant l'initiation. Il commet alors la plus grave des fautes. Car l'ostentation de l'ignorant n'est rien, alors que la vanité du sage est mortelle. Plus on sait, plus on est responsable et moins on a le droit de se vanter.

— Ce mauvais lion sommeille sur son acquis. Ne perd-il pas la clarté de l'aigle ?

— Lorsque l'initié est persuadé d'être installé dans la Connaissance, il tombe dans un abîme sans fond.

— Quelle est la force que m'apportera ce Lion ?

— Il donne poids et densité à la lumière de l'Aigle qui aurait pu demeurer dans les nuages, trop loin de nous. Il t'offre le secret de cette force noble qui s'appelle l'orgueil.

— N'y a-t-il pas là un autre danger ?

— Les mots font peur. Les Églises nous ont habitués à redouter le sacré, non à lui faire confiance. Elles contraignent l'homme à se soumettre, non à interroger le mystère.

— Pourtant, à l'intérieur même des Églises, certains combattent cette soumission, qui n'est pas très éloignée d'une démission. Un Père de l'Église comme Origène nous invite à concevoir un certain orgueil. Que le sage ne s'enorgueillisse pas de sa sagesse, que l'homme fort ne s'enorgueillisse pas de sa force, que le riche ne s'enorgueillisse pas de sa richesse, soit ; mais que chacun ait l'orgueil de comprendre que Dieu est.

— L'attitude juste est sans doute de vivre en humilité la fierté du bâtisseur de temple. Lorsque l'orgueil du travail remplace la vanité, la joie surgit.

— Cet orgueil noble n'explique-t-il pas la méfiance des Églises face aux confréries initiatiques ?

— Peut-être bien. Mais depuis que l'Église d'Occident ne fait plus appel aux bâtisseurs initiés pour construire ses édifices sacrés, elle s'est peu à peu vidée de sa substance symbolique.

— Le Maître d'Œuvre, pourtant, ne s'est-il pas quelquefois magnifié lui-même ? Je pense, par exemple, à l'abbé Suger qui s'est fait représenter à plusieurs endroits de sa cathédrale de Saint-Denis.

— Pas plus que ses Frères qui ont agi comme lui, Suger n'a voulu se représenter lui-même. C'est sa fonction qu'il exaltait ainsi, la qualité de Maître d'Œuvre et non l'individu qui l'exerçait. Le temple absorbe le « moi » du Maître d'Œuvre. Il le grandit à la mesure de l'édifice.

— Chaque membre de la confrérie ne doit-il pas parvenir à ce même résultat ?

— Telle est bien la question que pose à chacun ce premier Lion. Désires-tu étendre ta personnalité aux dimensions du temple construit par ta communauté ? Cette dernière n'est autre que le corps du Maître d'Œuvre primordial reconstitué dans la pierre. Le Lion évoque ici une sagesse terrestre, une royauté mise à notre portée. Par elle, le bâtisseur perçoit mieux la sagesse céleste, la royauté divine de l'Aigle. Le fauve complète l'oiseau, il rend tangible l'intangible. Mais sauras-tu transmettre ce que tu as reçu ?

Du 27e au 30e degré

Les quatre personnages à l'amphore

Devant moi se présentaient quatre personnages tenant une amphore, chacun adoptant une attitude différente.

— À quoi servirait-il d'avoir atteint le cœur de l'initiation, me dit Pierre Delœuvre, si l'on ne rayonnait pas au-dehors la richesse du dedans ? Les sculptures nous aideront à éviter de graves écueils. Regarde le premier personnage.

— Il adopte une attitude relâchée. Il s'appuie négligemment sur son bras droit et regarde dans le vide. L'amphore qu'il tient, sans y prendre garde, sur son épaule gauche verse une eau qui se répand au hasard.

— C'est l'image de la *transmission insouciante*. L'homme se contente d'acquérir et se moque de faire partager les trésors de pensée qu'il a découverts. Son insouciance pourrait même faire croire qu'il n'a pas perçu l'essentiel de son aventure et qu'il est passé devant les symboles sans les voir.

— N'a-t-il pas confondu initiation et curiosité ?

— Il n'a pas réfléchi sur le dépôt précieux que contient le vase sacré. Aussi ne prête-t-il aucune attention au flux divin, qui, par sa faute, se dilue n'importe où.

— À mon avis, l'expression qu'il emploie pour communiquer avec ses semblables est un bavardage très éloigné du Verbe créateur. Il est incapable de rendre ses idées cohérentes et prononce un flot de paroles souvent inutiles.

— Comparable au serviteur insouciant de la parabole, il ne fait pas fructifier l'or perçu. Pire, il le gaspille. Les symboles glissent sur lui comme sur une surface imperméable. Ils ne pénètrent pas dans sa chair. Pourtant, il avait reçu des oreilles pour entendre et des yeux pour voir. Ce mauvais « porteur d'eau » perd le sens du sacré, car l'idéal non transmis se dessèche et meurt, entraînant dans la mort l'homme insouciant. Comment vois-tu le deuxième personnage ?

— La main droite de ce personnage lui assure un point d'appui, un système de références. Mais il ne se préoccupe guère de l'amphore qu'il tient par le fond et laisse l'eau se déverser encore au hasard. Il me paraît moins insouciant que le précédent. Peut-être sent-il confusément qu'il détient quelque chose d'important sans pouvoir l'identifier.

— C'est la *transmission de la lettre*, dit Pierre Delœuvre.

N'ayant pas saisi l'ampleur des symboles, celui qui transmet se contente de leurs formes extérieures. Son regard perdu dans le lointain dénote un manque de vigilance. Lorsqu'il communique son expérience, il utilise des phrases toutes faites, il répète au lieu de recréer.

— Pourquoi ne transmet-il que la lettre ?

— Parce qu'il a un système de valeurs fixe, un code qui lui est propre et dont il ne sait pas se libérer. Pour transmettre l'esprit, il faut connaître la langue des oiseaux, dire la parole juste au moment juste en fonction des possibilités de chaque interlocuteur.

— Notre personnage n'assume-t-il pas une certaine responsabilité ? N'a-t-il pas le sentiment de la valeur du symbole et du rite ?

— Il reste incapable d'en saisir le « pourquoi ». Il s'attache exclusivement à la forme et ne supporte pas qu'on en modifie le moindre aspect.

— Ce n'est pas toujours inutile, me semble-t-il. Nombre de traditions incomprises quant à leur fond furent ainsi véhiculées jusqu'à notre époque. On ne comprenait pas, mais on conservait des valeurs qui attendent d'être ressuscitées.

— Tu as raison. Mais cette attitude devient négative lorsque l'initié refuse d'aller au-delà du contour matériel et interdit aux autres de dépasser son propre point de vue. Tôt ou tard, l'homme qui ne transmet que la lettre devient sectaire et trahit ce qu'il avait de plus cher. Que penses-tu du troisième personnage ?

— Je le trouve doctoral, jupitérien. Il exerce un contrôle plus net de l'amphore. Sa main, posée sur le col, assure une meilleure régulation du flux. Malgré cela, son regard ne s'attarde pas sur ce qu'il est en train de faire. Il me paraît trop préoccupé par sa propre personne.

— C'est la *transmission sans humilité*. Pour ce personnage, les paroles qui sortent de sa bouche sont autant de grandes vérités. Il ne met jamais en doute l'idée qu'il se fait de lui-même. Il impose ses interprétations sans tenir compte des désirs et des possibilités de chacun. Se considérant comme unique et irremplaçable, il juge qu'il est l'interprète privilégié du message divin.

— N'a-t-il pas atteint une certaine sagesse ?

— Ses efforts lui ont prouvé qu'il était un être d'élite et il se persuade d'avoir trouvé le sens définitif des symboles. Aussi exhibe-t-il l'amphore, montrant qu'il la possède et que personne ne la lui prendra. Malheureusement, il néglige son contenu. Très vite, il sombrera dans la vanité. Nous voici parvenus au quatrième personnage.

— Je le trouve attentif, entièrement préoccupé par sa tâche. Il tient solidement l'amphore par le fond et règle le débit de l'eau. Son visage exprime une totale sérénité.

— Il symbolise la *transmission de l'esprit*. Sans négliger la forme et la lettre, il atteint le cœur de chacun. Il respecte le moment favorable à la communion des pensées et prend en considération la réceptivité de ses Frères comme celle des autres hommes. C'est pourquoi il transmet l'essence des symboles, sans en perdre la moindre parcelle. Il parle pour chacun le langage qui convient, évitant de choquer, d'imposer ses conceptions personnelles, de déformer les idées majeures. Son humilité est profonde, mais ce n'est pas une soumission. « Vivants qui êtes sur terre, dit-il, et ceux qui sont à naître, venez, je vous guiderai sur le chemin de la vie. Vous naviguerez avec un vent favorable, sans accident, et vous aborderez au port de la ville des générations. Si vous écoutez mes paroles, vous en éprouverez l'utilité. »

— Les Anciens n'avaient-ils pas créé une science s'occupant tout particulièrement de la transmission initiatique ? Je pense à la Rhétorique, qui porte un nom si mal compris aujourd'hui.

— À l'origine, bien parler consistait, en effet, à transmettre l'intelligence de toute chose. C'est ainsi, je crois, que les bâtisseurs initiés ont toujours conçu leur tâche. Certains, dotés d'un génie particulier, réussissaient à façonner des chefs-d'œuvre. Des imagiers de moindre qualité parvenaient cependant à remplir leur devoir par des œuvres qui ne paraissent pas « belles » mais qui contiennent cependant l'essentiel du message. Notre goût est sans importance.

— Si le style d'une œuvre est en harmonie avec une pensée initiatique, c'est la naissance d'une civilisation. Je ne m'explique pas autrement la création des pyramides, de Louxor, de la cité interdite de Pékin, de Chartres... mais chaque bâtisseur a-t-il vraiment la possibilité de revivre cette transmission, venue du fond des âges ?

— Le premier Maître d'Œuvre a vu l'ensemble des choses. Ayant vu, il comprit. Ayant compris, il eut la puissance de révéler et de montrer. Les choses qu'il connut, il les grava. Mais il connaissait les hommes. Les ayant gravées, il les cacha, préférant garder le silence afin qu'eût à les retrouver dans son cœur chaque nouvelle génération de bâtisseurs à travers le monde. Observe l'homme qui transmet correctement l'esprit : il ne t'offre pas un secret par convention, un « truc », une cachotterie ; il te donne le sens du secret par nature, le sourire flamboyant de la Connaissance. À condition que tu ne trahisses pas la royauté du Lion qui t'attend sur le chemin.

31e degré

Le Lion ailé ou la royauté flamboyante

— Certains ont cherché à tuer le Lion, dit Pierre Delœuvre. Dans les plaies du fauve blessé, des abeilles sont venues faire leur miel. Blesser le Lion revient à obscurcir la conscience de l'homme royal, à tenter de le détruire. Mais l'abeille intervient et recrée une substance d'immortalité à partir du corps même de l'animal blessé.

— Cela signifie-t-il que l'initiation ne peut jamais être mortellement atteinte ?

— Même dans les civilisations les plus matérialistes, l'homme qui désire l'initiation peut retrouver en lui l'or des dieux et s'en nourrir.

— Le Lion ailé, avec sa banderole, son phylactère, c'est la puissance, le feu du désir qui nous entraîne vers la Connaissance ?

— Ce feu-là te permettra d'aller vers ton but. Mais si tu as la vanité de te considérer toi-même comme le feu divin, un lion furieux apparaît et te laboure de ses griffes.

— Comment le dompter ?

— Pour le « poigner », harmonise le divin et l'humain au cœur d'un même rayonnement.

Si tu soumets la colère du Lion, tu utiliseras sa puissance à bon escient.

— Ce fauve m'évoque le lion au visage de feu et à l'œil de flamme des temples antiques. Comme gargouille, il repoussait les tempêtes, calmait les désordres du ciel. Sur le socle d'un lion de pierre, à Karnak, j'ai lu ces phrases : « Je suis celui qui écarte le malfaiteur, je repousse la marche de qui transgresse la voie. »

— Le Lion a un regard qui fascine. Il brûle en nous les insuffisances et les obstacles à l'évolution spirituelle.

— Est-il le gardien de notre temple intérieur ?

— Son rôle est de ne laisser pénétrer dans notre conscience aucune pensée malsaine, aucun sentiment destructeur.

— C'est lui qui détient le secret de notre soleil ?

— La crinière du Lion est soleil, son visage est lumière. La puissance du Lion peut être divine ou humaine. Divine, elle est l'énergie qui engendre vie et mouvement. Humaine, elle est l'application à tous les niveaux de la royauté en esprit.

— Mais le soleil du Lion n'est-il pas un astre passager, éphémère ?

— Il ne brille qu'au zénith d'une conscience réellement transformée. Par le feu dont il est dépositaire, ce Lion travaille les moindres aspérités de notre pierre intérieure. À ce moment de ton initiation, tu dois vaincre une fois de plus ta vanité. Ne fais pas de ce Lion un visage grimaçant.

— Dans le *Livre des morts*, l'initié affronte un fauve tyrannique, il doit le repousser. Il s'exclame : « Je suis le créateur ! Arrière, Lion à la gueule blanche d'écume ! Recule devant ma force ! »

— Tu n'as rien à craindre du Lion si tu es vigilant. Lui-même te donne l'exemple, puisqu'il ne dort jamais. Hermès Trismégiste affirme que le Lion a été doté d'une nature qui se passe de sommeil, identique à celle des dieux.

— Lion ne vient-il pas du grec *lâo*, « je vois » ? Dans la langue égyptienne, on se sert des mêmes signes pour dire « lion » et « voir ».

— On te réclame cet éveil constant, cette faculté de « voir » qui te permet d'être toujours attentif à la vie.

— Afin d'éviter les éléments indésirables ?

— Le Lion est celui qui veille, le gardien. C'est pourquoi on plaçait des têtes de lions aux serrures des temples. Mais l'œil du Lion ne se contente pas de regarder. En voyant le monde, il le recrée. En animant le Soleil, il ressuscite chaque matin notre soleil intérieur. Il fascine le bâtisseur qui ne remplit pas sa fonction, il le dévore. C'est lui qui autorise les initiés à franchir la porte du temple en état de pureté.

— On disait aussi que les petits du Lion naissaient les yeux ouverts, qu'ils représentaient nos actes justes, nos œuvres de lumière.

— L'initié doit être un Lion, un pèlerin qui ne redoute rien sur cette terre.

— Ce deuxième Lion ne correspond-il pas à une traversée du désert ? En Égypte, le roi était un lion au regard terrifiant qui parcourait les étendues désertiques pour les pacifier. Le sage demandait au Créateur pourquoi il l'avait amené dans un désert sans eau, privé d'air, très obscur et sans limites visibles. Le Créateur lui répondit qu'il y boirait la lumière de l'esprit au lieu de l'eau et qu'il y respirerait la vérité de sa conscience au lieu de l'air.

— C'est bien ce qui t'est proposé à ce degré de ton initiation. Dans l'Évangile, le Christ combat les puissances maléfiques dans le désert. Deviens le Lion, affronte-les. Mais ne laisse pas le royaume des cieux devenir désert en toi.

— Cette terre inconnue du désert n'est-elle pas redoutable parce qu'elle n'est pas encore construite ?

— Oui, elle est le domaine des « possibles », de ce qui n'est pas encore. C'est là où l'initié rencontre ses démons.

— Je comprends mieux pourquoi Seth le rouge, qui deviendra le diable chrétien, est maître des contrées désertiques. Il est détenteur de la puissance instinctive, incontrôlée, qu'il ne peut utiliser seul sans la déformer.

— Souviens-toi. Quand le tentateur aborda le Christ au désert, il lui dit : « Si tu es Fils de Dieu, ordonne que ces pierres se changent en pain. » Mais le Christ répondit : « Il est écrit : *L'homme ne vit pas seulement de pain, mais de toute parole qui sort de la bouche de Dieu*. »

— Pourquoi les Anciens disaient-ils que la lionne n'est pas fécondée deux fois et qu'elle porte un unique enfant ? N'est-ce pas en relation avec la parole unique du maître au disciple ?

— Sans doute, mais la prise de conscience de ton initiation est à la fois une et multiple. Multiple, car les remises en question sont nombreuses sur le chemin de la Connaissance. Une, parce que le bâtisseur connaît un moment de grâce, un instant privilégié où sa vie entière s'oriente. Si tu veux t'accomplir, commence ici-bas et sans délai.

— Ce Lion ne possède-t-il pas deux royaumes, celui du ciel et celui de la terre ?

— Pour toi, c'est la croisée des chemins. Les parties antérieures du Lion le rattachent au ciel, ses parties postérieures le mettent en contact avec la terre.

— Concilier les contraires en moi-même ? C'est la tâche que vous m'indiquez ?

— Deviens le commencement et la fin, l'alpha et l'oméga. Ainsi, tu briseras le sceau et tu ouvriras le livre. Tu liras le texte de la banderole que détient le Lion ailé.

— En vivant une résurrection ?

— C'est sans nul doute le couronnement de l'initiation. Mais on ne ressuscite pas qu'une seule fois. Connais-tu cette surprenante coutume du lion en chasse qui délimite un cercle avec sa queue ? Le monde sacré est un cercle, la queue du fauve est la justesse intérieure qui permet de le tracer.

— Un Lion géomètre, en quelque sorte ?

— Le symbole du Maître d'Œuvre traçant sur terre, et les pâtures croissent ; fais irradier ta parole près des étables et des bergeries, et le souffle de vie leur est donné.

— Quand devrai-je prononcer de telles paroles ?

— À l'instant où tu prononces ton engagement devant la communauté. La Lune est maîtresse du serment. La première partie de ton initiation s'achève par ce serment. Tu jures fidélité à la confrérie qui t'accueille, tu promets de toujours chercher à t'améliorer par l'étude des symboles. Tu t'engages aussi à garder les secrets qui te sont confiés. Non pas des cachotteries enfantines, mais le secret de la vie en esprit, celui que personne ne peut trahir.

— À moi, par conséquent, de laisser pénétrer dans mon esprit et dans mes mains l'âme de la confrérie dont je désire faire partie. N'est-ce pas le moment-clef, le passage de l'homme égoïste à l'homme communautaire ?

— Auparavant, il demeure un voyage dangereux.

— Lequel ? demandai-je en apercevant déjà le Soleil, la prochaine étape.

— Le vide, répondit Pierre Delœuvre.

32e degré

L'Ange ou l'homme à l'image de Dieu

— Un Ange… j'avoue que je suis un peu surpris.

— Nous n'avons plus l'habitude d'envisager la réalisation de l'homme sous cette forme, me dit Pierre Delœuvre. Les anges nous paraissent si loin de nous ! Mais les Anciens aimaient figurer ainsi ceux qui assument le rôle de messager entre le ciel et la terre.

— Je pense à l'oiseau égyptien à tête humaine, fréquemment dessiné sur les parois des tombes. Il se nommait *ba*, « âme manifestée ». Il partait à son gré vers le ciel d'où il revenait animer le sarcophage, la demeure de résurrection.

— Même l'Éros des Grecs avait à l'origine une signification profonde. Il incarnait l'amour par lequel l'initié communiait avec le Créateur.

— Je dois reconnaître que les anges ne me « parlent » plus beaucoup. On songe plutôt à s'en moquer, après les querelles sur leur sexe, après les anges joufflus et ridicules de l'époque baroque.

— Oublie les styles artificiels qui obscurcissent la vérité manifestée par les anges. Adopte un autre regard. Les anges, pour les bâtisseurs, sont identiques aux dieux de l'ancien monde. En toi, ils correspondent à l'éveil de facultés vitales jusque-là inconnues. Les anges symbolisent aussi les initiés vivant désormais dans la lumière éternelle, mais toujours présents parmi nous. Ils sont chargés de veiller au bon état du « fil d'Ariane » qui relie l'harmonie divine et l'harmonie humaine.

— Je sais que Denys l'Aréopagite, ce mystérieux auteur qui est à l'origine de la conception de la lumière dans l'art gothique, s'est beaucoup préoccupé de la symbolique des anges. Il explique que l'Ange est reflet visible de l'invisible, miroir pur, parfaitement limpide, intact, sans mélange, sans souillure, capable de refléter dans son entière fraîcheur la forme divine.

— Tu perçois ainsi que l'Ange est la force qui inspire le Maître d'Œuvre traçant le plan de sa cathédrale. Ta connaissance, en devenant « angélique », viendra du dedans. Ce sont les anges qui révélèrent à nos pères les proportions du monde et les secrets de ses mystères.

— L'Ange est-il le suprême initiateur, celui qui possède la dernière clef des grands mystères ?

— «Homme à l'image de Dieu » est le qualificatif du roi ou du Maître d'Œuvre qui entendent la voix des anges. En toi, l'Ange est ce qui exprime, sans la corrompre, la pensée de l'Architecte des mondes. Aux anges d'animer la marche éternelle des astres, d'assurer la rotation du firmament, d'entretenir le mouvement des sphères.

— Par l'Ange, vous me proposez de découvrir le ciel ? Ce serait comprendre d'une manière nouvelle ce que l'on nomme « l'Ange gardien » !

Pas seulement un protecteur de nos petits intérêts personnels, mais le Maître d'Œuvre en nous.

— Les anges de l'échelle de Jacob font en permanence le voyage du ciel vers la terre et de la terre vers le ciel.

— Sommes-nous en présence d'un être désincarné qui plane au-dessus de la condition humaine, ou d'un homme « ailé » qui spiritualise sa vie ?

— À quoi te servirait-il de refuser cette terre, où tu te mets à l'épreuve pour vivre ton initiation ? C'est ici-bas que se joue notre destin, que notre aventure s'accomplit. C'est ici-bas que nous parviendrons ou non à la connaissance du sacré.

— Doit-on considérer que ce sacré est à ce point au-delà de l'homme que nous ne pourrons jamais le concevoir ?

— L'Ange, dit Pierre Delœuvre avec un léger sourire, signifierait alors que le but recherché est inaccessible et que tous tes efforts ont été inutiles. Il ne resterait plus qu'à détruire les cathédrales et à briser les sculptures. Je crois que les Maîtres d'Œuvre nous ont offert une autre réponse, plus nuancée, plus profonde. La vérité que nous atteindrons ne sera pas définitive. L'Ange est une force céleste, parce qu'il nous enseigne à la fois la relativité de nos réussites et la nécessité de tendre vers l'absolu.

— L'Ange n'est-il pas aussi le Maître qui nous permet d'aboutir, de réellement construire notre vie ?

— Quand l'Architecte des mondes envoie l'Ange vers l'initié, l'Ange a pour mission de ramener l'initié au Principe d'où il est issu. Par la connaissance du degré initiatique symbolisé par l'Ange, tu t'approches au plus près de ce que nous nommons la Maîtrise.

— J'ai remarqué un détail : avec l'Ange s'achève un groupe de figures nommé « Tétramorphe », soit les quatre figures que forment le Taureau, l'Aigle, le Lion ailé et l'Ange lui-même.

— Ce n'est pas une étape à part sur le chemin de ton initiation, mais une liaison particulière entre des symboles. Tu pourrais établir d'autres rapports de significations. Ta royauté, par exemple, passe par le Dauphin, l'Éléphant, le Lion et l'Aigle.

— Le Tétramorphe, cependant, insistai-je, occupe une place privilégiée dans l'art du Moyen Âge. Il a été souvent représenté en sculpture comme en peinture.

— Qu'as-tu remarqué de plus à son sujet ? demanda Pierre Delœuvre.

— La disposition habituelle est la suivante : rangés en carré autour du Christ en gloire, les quatre Évangélistes ont chacun un emblème qui leur correspond et qui n'a jamais varié. À Jean est attribué l'Aigle, à Marc le Lion, à Luc le Taureau, à Matthieu l'Ange. De plus, il s'agit de la traduction chrétienne des quatre fils du dieu égyptien Horus.

— Quel était leur rôle ?

— Ils avaient pour mission de veiller sur le mort. Ils assuraient la bonne conservation du foie, des poumons, de l'estomac et de l'intestin pour l'éternité. À chacun de ces organes matériels correspondait une qualité : la puissance intérieure, la conscience, l'énergie et la faculté de création. Le Christ a remplacé Osiris comme cinquième terme. L'un et l'autre ressuscitent grâce à l'œuvre des quatre compagnons qui veillent sur eux.

— Ces quatre personnages composent, en effet, une vision synthétique de ton initiation. Ils t'apparaissent dans un vent de tempête, dans un souffle venu du nord du monde, dans un nuage environné de clartés. Autour du trône qui percera le ciel, autour de ce trône occupé par le Maître d'Œuvre dans le temple, tu verras ces quatre vivants. Ils t'enseigneront ta maîtrise, le plan du temple qu'édifient les bâtisseurs d'hier, d'aujourd'hui et de demain.

— Je me souviens de l'épisode des contes du Graal où les chevaliers, guidés par une pucelle, arrivèrent à une chapelle où ils entrèrent à la suite d'un cerf blanc et de plusieurs lions. Un moine célébrait un office. Dès qu'il commença, les chevaliers virent le cerf se changer en un homme qui s'installa dans une chaire au-dessus de l'autel, tandis que les quatre lions se transformaient l'un en homme, le deuxième en aigle, le troisième en lion ailé, le quatrième en taureau. Puis tous quatre soulevèrent la chaire où siégeait l'Homme et ils s'envolèrent par une verrière sans briser un seul carreau.

— Autrefois, c'était le mercredi de la quatrième semaine de Carême que le prêtre expliquait aux futurs baptisés la signification de cette légende. Mais la religion a souvent oublié qu'elle était fille de l'initiation. Les religions meurent, changent, l'initiation demeure. Par l'Ange, donne vie à ton expérience initiatique. Rends authentiques les degrés de l'initiation que tu viens de gravir. Alors, tu découvriras l'Arbre fleuri.

33e degré

L'Arbre fleuri ou la communauté des bâtisseurs

Le Soleil se couchait sur la cathédrale. Lorsque mon regard découvrit l'Arbre fleuri, j'eus la certitude que la Lumière dont Pierre Delœuvre avait tant parlé était l'essentiel de l'aventure humaine. C'était bien ce passage par la lumière qui faisait d'un regard profane un regard vivant.

Le « paradis », le « jardin céleste » n'étaient pas perdus dans un au-delà inaccessible. Ils se trouvent ici et maintenant. Ils sont cachés dans notre vision juste ou fausse de la réalité.

— L'initiation, dit Pierre Delœuvre, est un art et une science. De tes mains et de ta pensée, essaie de recréer le jardin secret où pousse l'Arbre fleuri.

— Cet arbre est-il la figure du Maître réalisé ?

— C'est un arbre chargé de fruits très riches, à la sève vigoureuse. C'est à la fois l'arbre de vie et l'arbre de la connaissance.

— Le contempler ne me paraît pas suffisant.

— Mange ses fruits pour absorber sa sagesse. Leur saveur dépendra de toi, de la maturité que tu auras acquise tout au long de ton cheminement.

— Le sage d'Égypte disait que celui qui se met en colère dans le temple est comme un arbre qui, en un instant, perd ses feuilles. Celui qui sait faire silence est comme un arbre qui pousse dans un jardin. Il devient vert, double le nombre de ses fruits. Son ombre est agréable, il trouve la plénitude en son jardin.

— Fais taire l'homme profane, écoute la voix de l'initiation qui te permettra de croître comme l'arbre du jardin primordial. Entre dans une communauté d'arbres de vie.

— Cet arbre n'est-il pas l'axe du cosmos ? Le premier arbre s'est élevé sur une éminence, sortie du chaos lors de la création du monde.

— Cet Arbre des origines traverse toutes les sphères. Il est le pilier du monde. Il fleurit dans la conscience de l'homme lorsque celui-ci s'est redressé.

— Puisque cet Arbre traverse les enfers, la terre et les cieux, n'est-il pas un trait d'union entre tous les états de l'être ?

— L'Arbre fleuri marie le haut et le bas, l'infiniment lointain et l'infiniment proche. Couper un arbre, pour les Anciens, c'était supprimer une communication entre ciel et terre, empêcher la circulation de l'énergie. Le seul motif acceptable était de construire avec l'arbre coupé, pour le faire refleurir d'une autre manière. Les colonnes des églises sont des arbres de pierre. Qui les dégradait était sévèrement châtié. Prends soin de ne jamais dégrader l'arbre qui peut fleurir.

— Chez les Germains, il y avait le grand frêne Yggdrasil qui frémit et oscille lorsqu'une civilisation prend fin et qu'une autre voit le jour.

Les chrétiens ont détruit beaucoup de grands arbres jugés « païens », comme celui-là.

— Pourtant, observa Pierre Delœuvre, une chrétienté véritable repose tout entière sur l'arbre de vie.

— «Arbre de vie »... c'est une expression beaucoup plus ancienne que le christianisme. Je l'ai rencontrée fréquemment dans les textes de l'ancienne Égypte. « Tous les corps sont remplis de l'arbre de vie », disent-ils. C'est une grande déesse qui le créa pour tous les êtres.

— Et les obélisques ? Ne considères-tu pas qu'ils sont des arbres de vie ?

— Les Égyptiens affirmaient que la hauteur réelle des obélisques était telle qu'ils perçaient le ciel, illuminant leur pays comme des soleils. En dissipant la tempête, ils empêchaient tout désordre cosmique.

— Lorsque l'initié parvient auprès de la flamme, dans l'ultime sanctuaire du temple où se déroule la cérémonie, il lui est demandé de quoi il vivait jusqu'alors. « De cet arbre vénérable », répond-il. Devant lui et les Frères réunis, le Maître d'Œuvre énonce les paroles des Anciens qui ont été gravées sur les colonnes du sanctuaire. Par l'enseignement de ces arbres de pierre, on place la lumière dans les yeux de l'initié pour qu'il puisse marcher dans la nuit comme en plein jour.

— Cet arbre est à la taille de l'univers. N'est-ce pas en lui que le Maître trouve sa véritable dimension ?

— Cet arbre sagement édifié plonge jusqu'au sein de la terre et recouvre les neuf mondes. Pour le connaître, il faut monter jusqu'à son sommet d'où l'on découvre le paysage de l'univers.

— N'est-ce pas l'idée exprimée dans le conte de Perrault où le petit Poucet, lointain héritier du dieu Wotan, grimpe au haut d'un arbre pour voir s'il ne découvre rien d'important ? Ayant tourné la tête de tous côtés, il voit une petite lueur, la parcelle divine, au-delà des forêts.

— Wotan, quant à lui, demeura sur le faîte de l'arbre pendant neuf nuits et créa les runes, la langue sacrée de son peuple.

— Cet Arbre fleuri, observai-je, pose de sérieux problèmes à nous autres Occidentaux !

— Tu veux parler du paradis biblique et de son arbre ? Quand le démon y pénétra, les arbres possédaient encore une douce odeur. Lorsqu'il eut séduit Adam et Ève, cette douce odeur disparut. Les feuilles des arbres tombèrent.

— La présence divine s'enfuyait ?

— Sais-tu que, si Adam avait patienté quelque temps, Dieu lui aurait recommandé : mange les fruits de l'arbre ?

— Autrement dit, l'arbre de vie aurait été offert au premier homme s'il avait accepté la préparation nécessaire : un cheminement initiatique.

— Adam a trahi l'esprit en se pressant, en voulant tout et n'importe comment. Nos Maîtres ont toujours estimé que le long cheminement de l'initiation était la chose la plus précieuse au monde. En le vivant, les hommes de ce temps apprenaient à goûter la vraie saveur des choses, ne se précipitaient pas sans conscience vers l'objet de leurs désirs. Pas plus qu'une sculpture, le chef-d'œuvre que devait être chaque existence humaine ne s'accomplit en quelques instants.

— Où se trouve-t-il, à présent, l'arbre du paradis ?

— Il n'a pas changé de place. Il est toujours caché dans le paradis, il continue à croître dans ce que les chrétiens nomment « la Vierge ». Sortant de la matrice, il a étendu son ombre sur le monde.

— Une ombre qui n'est pas privation de clarté ?

— Une ombre qui est le moyen nous permettant de mieux voir la lumière.

— Les anciennes légendes relient l'arbre et la Vierge. Dans la ville égyptienne d'Hermopolis se dressait un arbre dont l'écorce causait des guérisons miraculeuses. Quand la sainte Famille effectua le pèlerinage d'Égypte, elle se rendit dans l'illustre cité du dieu Thot. Au moment où l'arbre vit l'Enfant Dieu, il se prosterna devant lui. Cet arbre était le dernier descendant de l'acacia « aux membres purs », qui avait poussé dans une île de feu.

— Le Moyen Âge voyait le Christ comme un arbre. On le qualifiait d'arbre de vie, beau à voir, digne d'être mangé.

— Les arbres ont toujours été le séjour des grandes divinités.

— «Élève la pierre, dit un de nos rites, et tu me trouveras. Fends le bois, car là, je suis. » Jadis, poursuivit Pierre Delœuvre, la vie a péri par un arbre. La renaissance de l'initié s'accomplit par un arbre.

— L'Ange, lui fis-je remarquer, indiquait l'ultime transformation du bâtisseur en le faisant accéder à une maîtrise. Quelle nouvelle qualité l'Arbre fleuri apporte-t-il ?

— Il te donne ta colonne vertébrale et celle de ton initiation. Il est la ligne sans commencement ni fin autour de laquelle tout s'organise. Si nous comprenons bien notre initiation, disaient les anciens Chinois, nous serons pareils à un arbre qui porte ses branches dans les nues et qui communique avec le ciel suprême. Ton arbre de vie se dresse au centre du ciel et de la terre. Il porte en lui toutes les couleurs de la nature humaine.

— À moi de me développer à son image ?

— Non seulement toi-même, mais toute société digne de sa vocation. Les véritables civilisations étaient conçues comme des arbres dont les racines étaient les lois du cosmos, le tronc le corps des métiers, les feuilles l'accomplissement de chacun et les fruits les œuvres réalisées par la communauté de bâtisseurs. Toi-même, tu as fait jaillir l'arbre qui t'est propre. Offre-le, à présent, à la confrérie qui t'accueille. Elle seule pourra le faire croître pour qu'il devienne une forêt immense.

— Est-il possible de pénétrer à nouveau dans le paradis de l'origine ?

— Lorsque Seth, sur la demande du vieil Adam, alla chercher de l'huile sainte dans le paradis, il regarda trois fois. La troisième fois, il vit l'arbre s'élever jusqu'au ciel. À son sommet se trouvait un enfant nouveau-né.

— L'initié qui accomplit sa seconde naissance ?

— Sur la tombe du premier Maître d'Œuvre, il y a toujours un Arbre fleuri. À chaque instant, il peut être redécouvert. Là où se trouve l'Arbre fleuri, une confrérie initiatique poursuit son œuvre.

— À lui seul, l'Arbre fleuri symbolise-t-il la confrérie ?

— Elle est un arbre, elle est un temple. Le Maître d'Œuvre n'est pas un maître particulier, un individu, mais l'esprit de la confrérie.

Ainsi s'achevaient les trente-trois degrés de l'initiation. Mais je désirais de toutes mes forces continuer ce dialogue. J'avais encore tant de questions à poser à Pierre Delœuvre.

— Je voudrais encore vous demander…

— Si tu veux, mais autour d'un bon dîner.

Propos de table

Dans la cheminée du restaurant, une grosse bûche flambait. Nous avions bien dîné. Nos corps en avaient besoin. Nos âmes, aussi, probablement. Nous avions parlé de voyages, nous avions évoqué des souvenirs.

— Par la contemplation de ces figures symboliques, lui dis-je, vous m'avez fait parcourir les étapes d'un rituel initiatique. Vous m'avez révélé ce que personne n'avait osé dire auparavant.

— L'homme qui n'est pas initié, me répondit-il, n'est pas encore né. Il croit vivre, alors qu'il est vécu. Ignorant des lois véritables du monde dans lequel il subsiste, de manière plus ou moins chaotique, il est dépourvu de racines. Et il le sait, à condition qu'il soit honnête avec lui-même. C'est pourquoi il m'est apparu nécessaire de commencer à parler.

— En parcourant une à une les étapes du chemin, j'ai parfois perdu le fil conducteur. Il me semble que tout commence par un déchirement. À l'occasion d'une souffrance, d'une rencontre ou d'un événement bouleversant, l'individu a la sensation que ses ténèbres se déchirent.

Qu'il y a quelque chose derrière, quelque chose à percevoir.

— Tu décris ainsi la première prise de conscience. Non pas conscience de quelque chose de précis, mais une impression profonde, ineffaçable, qui révèle l'existence d'autre chose, d'une autre manière de conduire sa vie.

— Je crois que la solitude stérile est la cause de toutes nos entraves. En m'interrogeant sur elle, en la refusant, j'ai quitté mon attitude statique. J'ai pris un bâton de pèlerin. J'ai cherché un chantier où l'on construisait un temple.

— Lorsque tu ouvres ainsi ton cœur au bâtisseur chargé de la réception des postulants, ce dernier ne te repousse pas. « Fais taire ton agitation, te dit-il. Tu es balbutiant, desséché, vaniteux. Mais tu fleuriras, comme un grand arbre, si tu replantes tes racines dans une terre céleste. »

— À cet instant, il me montre un arbre sec.

— Et tu entends ces paroles : « Tu renais à l'intérieur des ténèbres, car un excès de clarté t'aveuglerait. » Tout est présent dans l'Arbre sec, mais tu ne peux le voir. Pour atteindre l'Arbre fleuri, les épreuves seront difficiles. Es-tu désireux de les affronter, d'abandonner le confort de ton « moi » pour tenter une aventure dont l'issue t'est inconnue ?

— Je m'engage sur ce chemin.

— À ta grande stupéfaction, dès que tu pénètres dans le temple, les deux plus grands principes de la vie en esprit te sont révélés : l'intuition de la lumière, la communion avec elle, et l'intuition de la création.

— J'ai la sensation que c'est enfin une œuvre véritable qui commence. On me demande de percevoir en même temps, et avec la même attention, les plus grandes choses et les plus petites.

— Dès le début, tu découvres la création dans la plus petite parcelle de vie. Devenir un bâtisseur : c'est la transformation essentielle qui t'est proposée. C'est par elle que tu entreras réellement dans la confrérie.

— J'ai cru que tout cela était hors de ma portée.

— La matière rectifiera tes erreurs. La pierre abîme la main qui la maltraite. Si tes gestes deviennent des pensées vivantes, si tes pensées deviennent des gestes justes, ils perceront les énigmes, jour après jour.

— Créer par amour de la création, sans justification d'aucune sorte... c'est cela que j'ai découvert sur le chantier.

— Comment avancerais-tu sur le chemin des bâtisseurs, si tu n'avais déjà en toi, comme chaque être, le désir de connaître ?

— J'étais encore émerveillé lorsque je me suis heurté à des masques étranges. L'atmosphère du temple était soudain bouleversée. La grande clarté du début de la cérémonie était remplacée par une inquiétante agitation. J'ai vacillé sous l'effet de vents tournoyants, j'ai craint de perdre l'équilibre. Pire, j'ai cru abandonner la magnifique harmonie qui me semblait à ma portée. Le bien et le mal, la beauté et la laideur, le jour et la nuit... Des couples antagonistes passaient devant mes yeux, désarçonnant ma réflexion. Comment résoudre ces dualités qui me clouent sur place ?

— Peu à peu, le calme est revenu. Tu as vaincu l'épreuve de la dualité. Tu as voulu poursuivre le voyage. Tu es de nouveau rassuré. Tes masques sont tombés sur le sol. Tes fausses personnalités, fabriquées de toutes pièces, se sont évanouies.

— Oui, car on m'a enseigné les lois de la Divine Proportion. Je les ai constatées dans mon propre corps et je tenterai de les appliquer à ma vision du monde, à ma pensée.

— Tu quittes alors la prison des oppositions stériles. Tu concilies les contraires. Disposant des clefs de la géométrie sacrée, tu imagines un instant être parvenu au terme du chemin. La Divine Proportion n'est-elle pas la règle d'or qui permet de bâtir les plus beaux édifices ? Il ne te reste plus qu'à l'appliquer sur les chantiers qui jalonneront ton existence.

— Brusquement, on m'a barré la route.

— Oui, un dragon, plein de violence et de hargne, est apparu devant toi.

— Des paroles de feu sortaient de sa bouche.

— Tu ne l'as pas redouté. Du feu, tu t'es fait un ami. Au Dragon, tu as demandé le secret de la langue des oiseaux qui te permettra d'entamer un dialogue avec tout ce qui vit en respectant la nature profonde de chaque chose.

— Le Dragon m'a parlé de ses trésors. J'ai compris qu'ils étaient les matériaux de construction du temple.

— Ils sont dans l'âme et dans la main du bâtisseur. Tombées du ciel, les pierres de la Cité sainte se sont éparpillées sur la terre. Regarde bien. Rassemble, et tu auras ta Matière première, celle que tu utiliseras dans ta transformation alchimique.

— Ma Foi n'était plus passive. Elle m'a ouvert d'immenses perspectives. Je me suis pris à rêver, à imaginer les tâches qu'un initié pourrait réellement mener à bien.

— L'épreuve de l'eau te rappelle au présent immédiat. C'est un véritable océan qu'il te faudra traverser, un océan aux pièges multiples et insidieux. Veille à ne pas t'égarer dans ta sensibilité aux innombrables mirages.

— Ce n'est pas facile. Je me heurte à une tourmente.

— Si tu crois que tu es capable d'échapper à cette tourmente, tu l'es. Si tu désires échapper à la noyade, tu réussiras. Ne sois pas tiède. Élève-toi au-dessus de l'océan du sensible.

— J'ai compris qu'on percevait vraiment la vérité d'un être ou d'une chose en se situant à la fois au-dedans et au-dessus. Mais on m'a demandé de me purifier.

— Être pur, c'est devenir Un, c'est recréer une cohérence.

— J'ai fait taire les voix désordonnées qui me tiraient à hue et à dia.

— Aussi ton intelligence est-elle devenue réceptive aux mouvements de l'univers. Elle t'a permis de déjouer les pièges du mental et du raisonnement, de discerner l'œuvre authentique des productions artificielles.

— J'ai eu l'impression qu'une oreille intérieure s'ouvrait. J'ai senti que je commençais à me réunifier, à entrer dans l'Œuvre.

— Par la mise en action de l'intelligence agissante, tu as rassemblé ce qui était épars en toi. Tu es mort au vieil homme pour renaître à l'homme nouveau.

— J'ai tenté de ne plus me figer, de ne plus juger. J'ai essayé de transformer mon regard, mes perceptions.

— Lorsque tu as réussi à joindre réceptivité et activité, on t'a présenté l'Épée symbolique. Tu as organisé ton être autour de cet axe de lumière. Il détient la force, qui ne blesse ni ne dégrade, mais introduit l'impulsion créatrice dans tout ce qu'il touche.

— L'Épée m'a offert sa consistance.

— Ta vie, la mienne, sont comparables au fil d'une épée entourée de deux abîmes insondables : la mollesse et la vanité. Ces deux monstres guettent notre moindre défaillance.

— On m'a appris à me servir de l'Épée.

— C'est ainsi que tu as redressé ce qui était dévié en toi.

— À ce moment, je suis sorti des ténèbres. J'ai tenté de me détacher de la lettre des symboles qui m'avaient été offerts, de mieux saisir l'intention des bâtisseurs qui m'entouraient. Je me sentais prêt à participer à leurs travaux.

— Pourtant, tu n'étais encore que lumière réfléchie par rapport à la source des lumières. Pour atteindre le cœur de la vie initiatique, il te fallait passer des petits mystères aux grands mystères, aller de la manifestation vers son principe, connaître le rayonnement du premier Soleil qui renaît chaque matin.

— Cette réceptivité, c'était le vrai silence. Pas le vide.

— Dans ce silence, tu as perçu ta véritable nature. Mais la suite du chemin initiatique sera consacrée à l'acte le plus difficile qui soit : passer de la réalisation personnelle à la réalisation communautaire. Tu dois faire un pas décisif. Une porte basse, étroite est ouverte devant toi. Tu passes par elle pour affronter de nouvelles épreuves.

— On m'a montré un Soleil. On m'a proposé de le faire renaître dans mon cœur, de renaître avec lui chaque matin.

— La création ne connaît point de repos. Elle engendre sans cesse l'univers et trouve son analogue dans le bâtisseur qui fait de sa pensée un soleil.

— Bien que ce lieu soit de nouveau obscur, il y a une lumière. Elle me rappelle la faible clarté de ma première prise de conscience.

— Puisses-tu contempler le soleil à minuit, te dit-on. Harmonise les deux lumières, la directe et la réfléchie. Ce qui est en haut sera comme ce qui est en bas.

— Le « haut » et le « bas », je ne les sépare plus. Ce qui compte, ce sont les lois d'harmonie qui unissent ces deux aspects d'une même chose. Mais l'un des bâtisseurs a mis un bandeau sur mes yeux. J'ai cru d'abord retourner aux ténèbres. Mais j'ai compris que ce bandeau était la sérénité. Il m'a incité à rechercher un regard intérieur, à dissiper des brouillards.

— En te recueillant, tu t'es rassemblé. Ou, plutôt, tu as laissé ta propre lumière te rassembler sans lui opposer d'obstacle.

— Quand le bandeau m'a été retiré, j'ai dirigé mon regard vers un triangle.

— C'est lui qui régit le ciel et la terre. Si tu désires connaître le mystère de Trois en Un, sacrifie les fruits de tes actes à l'action créatrice.

— La voie qui m'est proposée est celle de l'Œuvre qui sacralise la pensée et le geste. Je l'ai ressentie comme un mouvement qui traverse l'homme et le maintient dans une harmonie.

— Oui, aime par amour de l'Amour. Ta Foi donnera naissance à une intelligence du cœur, l'Espérance lui donnera réalité, la Charité la reconnaîtra en chaque créature. Deviens hier, aujourd'hui et demain dans le même instant.

— À condition de passer par le feu, m'est-il dit.

— En générant ton propre feu, sans concours extérieur.

— Un retour à la solitude...

— Tu seras seul, mais pas isolé comme quelqu'un qui ne connaît rien d'autre que lui-même. Tu seras seul face au Principe. Seul, tout en étant habité par la communauté des hommes avec lesquels tu voyages sur le chemin de l'initiation.

— Je sais que la plus sublime élévation spirituelle ne suffit pas. L'essentiel est d'incarner ce que l'on a perçu.

— Aussi te demande-t-on de connaître tous les modes de transmission de l'initiation. Prends garde à ne pas être insouciant ou dogmatique, ne t'enferme pas dans la forme au mépris de la signification. N'oublie pas que la vanité de celui qui se croit sage est un poison mortel contre lequel n'existe aucun remède.

— Transmettre l'esprit des symboles est le premier des devoirs.

— Transmettre l'esprit de notre art de vivre et de construire est la science des sciences, l'art royal. Consacre-lui tous tes efforts.

— Un tel engagement ne fait-il pas rejeter dans l'ombre tant de fausses valeurs de notre monde actuel ?

— Accueille en toi ce qui est. Tente de célébrer l'union de toutes les formes de la vie. Tes plus belles réussites seront toujours relatives et imparfaites. L'Homme que nous bâtissons ne sera jamais achevé.

— Au cœur de l'assemblée des bâtisseurs, on m'a fait contempler un arbre immense.

— Oui, le symbole de la connaissance qui est notre raison d'exister et de bâtir. Autour de lui, désormais, il n'y aura plus d'ombre pour toi. Tes racines, comme les siennes, s'enfonceront dans les profondeurs de la terre, ton faîte s'élèvera vers le ciel. Les fleurs et les fruits de cet arbre sont nos œuvres qui offrent une nourriture vivante à chaque génération de bâtisseurs.

— J'ai su, à cet instant, qu'il n'y avait pas d'un côté l'Arbre sec et de l'autre l'Arbre fleuri. Il n'existe qu'un seul et même arbre. Entre les deux, c'est mon regard qui a changé.

— Connaître le monde dans ses différences, ses manifestations, ses couleurs, c'est une connaissance du soir. Le connaître dans son unité, c'est une connaissance du matin. Sois Arbres sec et fleuri dans le même instant.

Mais il est tard, dit Pierre Delœuvre, et nous avons beaucoup parlé.

— Je voudrais…

— Nous nous reverrons certainement. Très certainement.

Je serrai la main de Pierre Delœuvre. Je vois encore sa large carrure disparaître au cœur de la nuit, dans la petite rue menant vers la cathédrale.

Table des matières

LES PETITS MYSTÈRES DE L'ARBRE SEC À LA LUNE

LES GRANDS MYSTÈRES DU SOLEIL À L'ARBRE FLEURI

14053

Composition
FACOMPO

Achevé d'imprimer en Slovaquie
par NOVOPRINT SLK
le 20 février 2024.

Dépôt légal : mars 2024
EAN 9782290390955
L21EPEN000505-593672

ÉDITIONS J'AI LU
82, rue Saint-Lazare, 75009 Paris

Diffusion France et étranger : Flammarion